UN DEVOCIONAL DE 90 DÍAS

ORACIÓN
CON
PROPÓSITO
Y
PODER

DR. MYLES MUNROE

WHITAKER
HOUSE
Español

Traducido por:
Belmonte Traductores
www.BelmonteTraductores.com

Editado por: Ofelia Pérez

Oración con propósito y poder:
Un devocional de 90 días
(Originalmente publicado en inglés bajo el título *Prayer with Purpose and Power: A 90-Day Devotional*)

Munroe Global
P.O. Box N9583
Nassau, Bahamas
www.munroeglobal.com
office@munroeglobal.com

ISBN: 978-1-64123-978-3 • eBook ISBN: 978-1-64123-979-0
Impreso en Colombia
© 2023 por Munroe Group of Companies Ltd.

Whitaker House
1030 Hunt Valley Circle • New Kensington, PA 15068
www.whitakerhouse.com

Por favor envíe sugerencias sobre este libro a: comentarios@whitakerhouse.com.

1 2 3 4 5 6 7 8 9 10 11   30 29 28 27 26 25 24 23

ÍNDICE

Parte Seis: Doce pasos de acción en la oración

Parte Siete: Obstáculos y estorbos en la oración

Parte Ocho: El poder de la oración

INTRODUCCIÓN

Desde su juventud, el Dr. Myles Munroe leyó y estudió la Palabra de Dios; y durante más de treinta años aconsejó y guio a miles de personas para que vivieran vidas de plenitud personal y bienestar social y espiritual. El conocimiento y la experiencia que obtuvo le condujeron a la conclusión de que los cristianos pueden cambiar el mundo si entienden verdaderamente el propósito y poder de la oración, la cual Dios estableció en la creación. Siempre ha sido el propósito de Dios que traigamos el cielo a la tierra.

Como expresó el Dr. Munroe:[1] "La oración ha de ser uno de los aspectos más emocionantes de una vida de fe. Tiene el poder de transformar vidas, cambiar circunstancias, dar paz y perseverancia en medio de las dificultades, alterar el rumbo de naciones, y ganar el mundo para Cristo".

Sin embargo, también afirmó: "Estoy convencido de que la oración es una de las artes más malentendidas de la experiencia humana. Evitamos la oración, tanto individualmente como colectivamente, porque no la entendemos". El Dr. Munroe reconocía que los cristianos tienen muchas preguntas sobre aspectos de la oración, y que enfrentamos desafíos en nuestra práctica de este arte tan vital. "La mayor dificultad en la experiencia de la mayoría de los creyentes radica en su vida de oración", dijo. "Aunque creen que la oración es un elemento fundamental de la vida cristiana, no la practican porque en realidad no creen que marcará ninguna diferencia. No oran porque les parece que no les ha funcionado en el pasado, y no les gusta el fracaso.

"Para muchos de los que sí oran, la práctica de la oración es meramente un ejercicio religioso, algo que no está conectado con

1. La introducción y los devociones diarios de este libro incluyen extractos traducidos y editados del libro de Myles Munroe, *Understanding the Purpose and Power of Prayer* (*Entendiendo el propósito y el poder de la oración*) (New Kensington, PA: Whitaker House, 2018).

la obtención de resultados. Algunos creyentes han llegado a la conclusión, consciente o inconscientemente, de que la oración no es muy importante para la vida cotidiana, que no se aplica al mundo real. Principalmente, tratan de suplir sus necesidades acudiendo a sí mismos o a otras personas".

El Dr. Munroe deseaba desmitificar la oración para los cristianos, a fin de que pudieran usar lo que les pertenece legítimamente en Cristo. "La oración no es solo una actividad, un ritual o una obligación. Tampoco es rogar a Dios que haga lo que nosotros queremos que haga. Es comunión y comunicación con Dios que toca su corazón. La verdadera oración desarrolla cercanía e intimidad con Dios, honra su naturaleza y su carácter, respeta su integridad, cree en su Palabra, confía en su amor, afirma sus propósitos y su voluntad, y se apropia de sus promesas".

Entre las valiosas pautas sobre la oración que obtendrás de estos noventa devocionales están los "Doce pasos de acción en la oración". Además, descubrirás la tremenda eficacia de usar la Palabra de Dios e invocar el nombre de Jesús mientras intercedes delante de tu Padre celestial.

También encontrarás lecturas bíblicas diarias. Como descubrimos el verdadero propósito y poder de la oración solo en la mente de nuestro Hacedor, es esencial leer por nosotros mismos su "Manual", como al Dr. Munroe le gustaba denominar la Biblia, a fin de ver claramente la revelación de su plan para nuestra vida. Siempre que estudiemos la Palabra de Dios, deberíamos también orar y pedirle sabiduría a Dios. El Espíritu Santo es nuestro Maestro, y tenemos que pedirle que ilumine la Palabra y nos dé entendimiento.

El Dr. Munroe quería que todos los creyentes experimentaran el poder transformador de la oración: "El poder es la herencia del creyente. Es el deseo de Dios de que experimentes cercanía con Él y fortaleza espiritual para cumplir sus promesas. Te invito a descubrir tu poder, autoridad y derechos en la tierra, y a posicionarte para convertirte en un canal de la fe para una influencia celestial en los asuntos de la tierra. El cielo depende de ti, y la tierra te necesita".

—Día 1—
¿REALMENTE FUNCIONA LA ORACIÓN?

Porque los ojos del Señor están sobre los justos, y sus oídos, atentos a sus oraciones.   —1 Pedro 3:12

"¿Realmente Dios me escucha cuando oro?". "¿Por qué parece que mis oraciones solo llegan hasta el techo y rebotan hacia mí?". "¿No debería esperar que mis oraciones sean contestadas?".

La oración no contestada es el mayor obstáculo que se interpone en el camino de una vida de fe verdadera. Externamente, reconocemos que la oración vale la pena, pero en lo secreto nos preguntamos qué es lo que anda mal. Esperamos que las cosas funcionen si Dios dijo que debían funcionar.

Cuando pareciera que nuestras oraciones no van a ser contestadas, ¿cuál es el efecto que se produce en nosotros? El dolor espiritual y emocional puede ser profundo y devastador:

+ *Nos sentimos abandonados y aislados de Dios, imaginando que Él no se interesa por nuestros problemas.* Dudamos de su amor por nosotros, viéndolo como si estuviera en contra nuestra, o al menos siendo indiferente hacia nosotros, en lugar de verlo como un Padre celestial amoroso.

+ *Cuestionamos el carácter y la integridad de Dios.* Podemos preguntarnos: "¿Promete Dios contestar nuestras oraciones o no?". Comenzamos a desconfiar de Él.

+ *Sentimos como que nuestras vidas son muy intranquilas e inestables.* Comenzamos a confiar en nosotros mismos o en otras personas, grupos o creencias, en lugar de apropiarnos del poder y las promesas de Dios de suplir nuestras necesidades.

+ *Llegamos a conclusiones prematuras acerca de nosotros mismos y de nuestras oraciones.* Puede que supongamos: "Mis oraciones no son contestadas porque no tengo suficiente fe". Por lo tanto, no llegamos a entender los varios principios y verdades concernientes a la oración, los cuales Dios nos ha dado en su Palabra.

* *Dudamos de nuestro llamado como intercesores de Dios.* Pensamos: "Las oraciones contestadas deben ser solo para un grupo selecto de cristianos 'súper-espirituales'". De ese modo, abandonamos uno de los mayores propósitos de Dios para nuestra vida.

La frustración y confusión por la oración no respondida son entendibles. Me identifico con el dolor de la oración no contestada que puedas estar experimentando en este momento. Recuerdo las muchas veces que asistí a reuniones de oración donde, incluso mientras estaba orando, me preguntaba si valía la pena o si la oración realmente funcionaba. A veces, incluso siendo ya un líder cristiano, solo lo hacía como algo mecánico, sin creer en el acto mismo de la oración en la que estaba participando.

Con el paso del tiempo, he llegado a reconocer muchos de los obstáculos que impiden que la oración sea contestada, al igual que muchos principios para una oración eficaz y poderosa. Estos principios no están escondidos. Están plenamente disponibles para que comiences a practicarlos: hoy mismo.

Mi enfoque es muy práctico; está basado en la clara enseñanza de la Palabra de Dios y en más de treinta años de experiencia en los que, por la gracia de Dios, he aprendido a orar y recibir respuestas a mis oraciones. Como he aprendido y probado los principios de la oración, también conozco el gozo de su cumplimiento. Cuando entiendes los principios bíblicos del arte de la oración, ¡comienzas a comunicarte con Dios con poder, gracia, y confianza! Entrarás en nuevas dimensiones de fe, en un profundo amor por Dios, y en poder para servir.

⌣

Pensamiento: Cuando entiendes los principios bíblicos del arte de la oración, ¡comienzas a comunicarte con Dios con poder, gracia, y confianza!

Lectura: Salmos 116:1–2

—Día 2—
EL CAMINO HACIA
LA ORACIÓN RESPONDIDA

*Clama a mí y te responderé, y te daré a conocer cosas grandes
y ocultas que tú no sabes.* —Jeremías 33:3

Ayer vimos que, cuando nuestras oraciones parecen no recibir respuesta, el dolor espiritual y emocional puede ser profundo y devastador. Puede socavar los cimientos de nuestra fe. Es como echar dinero en una máquina de refrescos y que no nos dé ninguna lata a cambio. Estás ahí parado delante de la máquina, viendo cómo aumenta tu frustración, hasta que finalmente le das una patada y te alejas. Nunca volverás a intentar usar dicha máquina. Muchas personas han puesto demasiadas "monedas de oración" y han recibido muy pocas respuestas satisfactorias. Algunos cristianos se han visto tentados a indagar en actividades poco cristianas porque están cansados de no recibir respuesta alguna a sus oraciones. Otros han perdido su fe por la misma razón.

¿Cuál es el camino hacia la oración respondida? El primer paso es reconocer las siguientes verdades:

En primer lugar, Dios es fiel en responder a la oración. Nuestra comprensión de la oración se ha distorsionado tanto, que hemos desarrollado una definición de la palabra que es justamente contraria a su verdadero significado. Cuando decimos que algo no tiene probabilidades, o tan solo una probabilidad muy pequeña de que suceda, decimos: "Falta mucha oración". Sin embargo, Jesús nos dio la seguridad de que Dios escucha y responde a nuestras oraciones. Él dijo: "*Por eso les digo: Crean que **ya han recibido** todo lo que estén pidiendo en oración, y lo obtendrán*" (Marcos 11:24). La respuesta es tan cierta, que se nos dice que creamos que ya ha sucedido.

Eso no quiere decir que las respuestas a nuestras oraciones se manifestarán siempre de inmediato, pero sí significa que cada oración que esté basada en la Palabra de Dios y haya sido ofrecida en fe por una persona que tiene una relación correcta con Dios *es respondida*, y que es solo cuestión de tiempo hasta que la respuesta sea evidente. Dios responde en cuanto pedimos, y revela esas respuestas a su tiempo. Por eso Jesús les dijo a sus discípulos *"que debían orar siempre, sin desanimarse"* (Lucas 18:1).

En segundo lugar, cuando la oración no produce resultados es una indicación de que algo no está bien. Dios instituyó la oración, y a lo largo del Antiguo y el Nuevo Testamento hay numerosos ejemplos de oraciones ofrecidas y respondidas. Cuando la oración no recibe respuesta, la Palabra de Dios por lo general proporciona una indicación del porqué no fue respondida, da conocimiento del tipo de oraciones que Dios responde, y apunta a lo que pudiera estar inhibiendo nuestras oraciones.

En tercer lugar, la voluntad de Dios y la Palabra funcionan cuando se entienden y se ponen en práctica. Lo creas o no en este momento, la oración *funciona*. Sin embargo, primero necesita que la entendamos. Debemos aprender a orar de una forma que personifique las verdades y los principios de la oración que Dios nos ha dado en su Palabra. El propósito de este devocional es asentar claramente estas verdades y principios. A través de ellos, puedes comenzar en este día a cambiar tu percepción de Dios, de ti mismo, y de la oración. Puedes tener una vida de oración eficaz que salpicará todas las demás áreas de tu vida.

⁓

Pensamiento: Debemos aprender a orar de una forma que personifique las verdades y los principios de la oración que Dios nos ha dado en su Palabra.

Lectura: Mateo 7:7–8

EL PROPÓSITO DE DIOS PARA LA ORACIÓN

> *Y Dios dijo: 'Hagamos al ser humano a nuestra imagen y semejanza. Que tenga dominio…'.* —Génesis 1:26

Para entender el propósito y los principios de la oración, es necesario entender la mente y el propósito del Creador mismo. La oración es un resultado de la estructura de autoridad de Dios establecida entre el cielo y la tierra, así como un producto de su fidelidad a su Palabra. Esto se debe a que la oración nació de las indicaciones de Dios para la tarea de la humanidad sobre la tierra. Esa tarea se estableció cuando el Creador pronunció dos palabras durante el proceso de la creación: *"Que tenga"*:

> *Y Dios consideró que esto era bueno, y dijo: 'Hagamos al ser humano a nuestra imagen y semejanza.* **Que tenga** *dominio sobre los peces del mar, y sobre las aves del cielo; sobre los animales domésticos, sobre los animales salvajes, y sobre todos los reptiles que se arrastran por el suelo'.* (Génesis 1:26)

Estas dos palabras son clave para entender el principio fundamental de la oración porque definen la *relación* que quería y deseaba tener el Creador con el hombre y el planeta tierra.

¿Cómo capacitó Dios al hombre para gobernar sobre la tierra? Sabemos que primero creó a la humanidad de su propia esencia, que es *espíritu*. Sin embargo, como la humanidad necesitaba poder gobernar en la dimensión *física* de la tierra, Dios entonces dio a la humanidad cuerpos físicos manifestados en dos géneros: varón y hembra. Por eso la Biblia se refiere a la creación del hombre tanto en término singular como plural: *"Y Dios creó al ser humano a su imagen;* **lo** *creó a imagen de Dios. Hombre y mujer* **los** *creó"* (Génesis

1:27). Así, por "hombre" nos estamos refiriendo a la humanidad, tanto hombres como mujeres, que fueron creados para ejercer autoridad de dominio.[2]

El mandato del Creador para el hombre de ejercer dominio sobre la tierra fue establecido en la declaración de arriba de Génesis 1:26, pero, de nuevo, los parámetros de ese dominio quedaron establecidos por las palabras *que tenga*. Con estas palabras, el Creador definió los límites del derecho de Dios a influir legalmente e interferir en el ámbito terrenal. Esto está basado en el principio de la integridad de Dios y su compromiso con su Palabra, algo que exploraremos más adelante en el siguiente devocional.

¿Por qué es esto tan importante? Por los cuatro principios bíblicos siguientes, que iremos desglosando a medida que progresamos en este devocional: (1) El propósito de Dios es más importante que nuestros planes. (2) Dios ha puesto su Palabra incluso por encima de sí mismo. (3) Dios nunca quebrantará su Palabra. (4) La santidad de Dios es el fundamento de su integridad y su fidelidad.

Estos principios son esenciales para tener una comprensión de la naturaleza y el propósito de la oración. Son estos preceptos los que hacen que sea necesaria la oración: nuestra comunicación con nuestro Padre celestial.

Veamos de nuevo el primer principio: *El propósito de Dios es más importante que nuestros planes*. Este principio establece la verdad de que el compromiso del Creador con su intención original para la humanidad es una prioridad para Él, y motiva y regula todas sus acciones. En esencia, todo lo que Dios hace está motivado por su deseo, el cual nunca cambia. Su declaración es clara cuando afirma: *"El corazón humano genera muchos proyectos, pero al final prevalecen los designios del Señor"* (Proverbios 19:21) y *"Yo*

---

2. Para aprender más acerca de los distintos diseños del varón y de la mujer y sus funciones de dominio, por favor consulta los libros del autor *Entendiendo el propósito y el poder de las mujeres* (2018) y *Entendiendo el propósito y el poder de los hombres* (2017), ambos publicados por Whitaker House.

anuncio el fin desde el principio; desde los tiempos antiguos, lo que está por venir. Yo digo: Mi propósito se cumplirá, y haré todo lo que deseo" (Isaías 46:10).

⌒

Pensamiento: Todo lo que Dios hace está motivado por su deseo, el cual nunca cambia.

Lectura: Isaías 46:9–11

—Día 4—
CREADOS PARA REFLEJAR LA NATURALEZA DE DIOS

El Señor Todopoderoso ha jurado: 'Tal como lo he planeado, se cumplirá; tal como lo he decidido, se realizará'.

—Isaías 14:24

El versículo de arriba, dicho por Jesús, así como los versículos acerca del propósito de Dios que repasamos en el devocional de ayer, revelan el compromiso eterno e inflexible de Dios con su propósito y sus planes:

> *Les aseguro que mientras existan el cielo y la tierra, ni una letra ni una tilde de la ley desaparecerán hasta que todo se haya cumplido.* (Mateo 5:18)

El propósito de Dios es su voluntad e intención, algo que Él mismo cumplirá. Él ha hablado: *"Mi propósito se cumplirá, y haré todo lo que deseo"* (Isaías 46:10).

Como Dios es un Dios de propósito, todo lo que Él creó en este mundo, incluyendo los varones y las mujeres, ha sido diseñado para cumplir los propósitos de Dios. Las acciones de Dios nunca son arbitrarias. Por lo tanto, cuando Dios dijo: *"Hagamos al ser humano a nuestra imagen y semejanza"* (Génesis 1:26), ¿qué revela esta frase sobre su propósito para la humanidad?

La primera revelación del propósito de Dios para los seres humanos es que *Dios creó a la humanidad para reflejar su carácter y personalidad.* Fuimos creados para ser como Él, teniendo su *"imagen"* y *"semejanza"* (Génesis 1:26). Esto significa que fuimos creados para tener su naturaleza y carácter moral; ambos habían de ser la esencia de nuestro ser.

La razón personal por la que Dios creó a la humanidad fue para establecer una relación de amor mutuo con los seres humanos. Dios creó a la humanidad a su imagen para que el amor se pudiera dar y recibir libremente entre el Creador y las criaturas. La única razón por la que tú y yo podemos tener comunión con Dios es que Dios nos creó de su propia esencia. Él nos creó para ser espíritu, así como Él es Espíritu. *"Dios es espíritu, y quienes lo adoran deben hacerlo en espíritu y en verdad"* (Juan 4:24).

Aunque Dios es nuestro Creador, Él siempre ha enfatizado que es nuestro Padre. Su deseo no fue que pensáramos en Él principalmente como un Dios asombroso o como *"fuego consumidor"* (Deuteronomio 4:24). Dios quiere que nos acerquemos a Él como lo harían los niños a un padre amoroso: *"¿Acaso no es tu Padre, tu creador, el que te hizo y te formó?"* (Deuteronomio 32:6). *"Tan compasivo es el Señor con los que le temen como lo es un padre con sus hijos"* (Salmos 103:13)

Sin embargo, aunque fuimos creados de la esencia de Dios, siempre dependemos de Dios como nuestra Fuente. Como seres humanos, no somos autosuficientes, ¡aunque nos gustaría pensar que lo somos! No podemos revelar la imagen y semejanza de Dios sin tener una relación con Él. Fuimos creados para reflejar la naturaleza de Dios en el contexto de estar continuamente conectados a Él en comunión. Primera de Juan 4:16 dice: *"El que permanece en amor, permanece en Dios, y Dios en él"*. Nunca estarás plenamente satisfecho con la vida hasta que ames a Dios. Dios debe ocupar el primer lugar en tu vida porque fuiste diseñado para encontrar satisfacción y sentido máximo en Él.

⁓

Pensamiento: Dios creó a la humanidad a su imagen, con su naturaleza y carácter moral, y estamos hechos para depender siempre de Él como nuestra Fuente.

Lectura: Salmos 33:11

—Día 5—
CREADOS PARA EJERCER DOMINIO

Lo entronizaste sobre la obra de tus manos, todo lo sometiste
a su dominio.   —Salmos 8:6

El segundo propósito de Dios para los seres humanos es que *Él creó a la humanidad para que ejerciera dominio sobre el mundo.* Recuerda que hay un plan doble para el dominio de la humanidad: uno es *físico* y el otro *espiritual.*

En el ámbito físico, Dios ha confiado al hombre el cuidado de la tierra. Esto significa que nosotros somos los propietarios de la tierra física, incluyendo todas las demás cosas vivientes del mundo: peces, aves, ganado, todos los animales. Adán fue situado en el jardín del Edén para guardarlo y cultivarlo. (Ver Génesis 2:15). Esto es lo que hace la humanidad con toda la tierra: ambos la guardan y la cultivan. Dios le dijo realmente al ser humano: "Gobiernen sobre mi mundo. Cuiden de él. Domínenlo y denle forma con su propia creatividad". La tierra debe ser gobernada, cuidada, moldeada por los seres humanos creados a imagen de su Creador. Tenemos que reflejar el Espíritu de Dios amoroso y creativo.

Esto nos lleva a un hecho interesante que muchos creyentes hoy día pasan por alto a menudo: Dios no creó originalmente al hombre para el cielo. Él creó al hombre para la tierra, para el jardín. Dios es el Gobernador del cielo, y creó al hombre para que expresara su autoridad en este mundo. El plan de Dios para la creación fue el siguiente: así como Dios gobernaba la esfera de lo invisible en el cielo, el hombre gobernaría la esfera de lo visible en la tierra, con Dios y el hombre disfrutando de una comunión continua mediante sus naturalezas espirituales. Dios dijo, en verdad: "Quiero que lo está ocurriendo en el cielo suceda en el mundo creado; quiero que mi reino se extienda a otra esfera, pero no quiero hacerlo yo directamente. Quiero que el hombre comparta mi gobierno".

Adán y Eva podrían cumplir este propósito si tan solo confiaban en Dios y estaban en comunión constante con Él, el Dios del jardín. Del mismo modo, podemos actuar en los propósitos para los que fuimos creados solo si estamos conectados a nuestra Fuente.

Sin embargo, ejercer dominio significa algo más que cuidar del mundo físico. Como tenemos una naturaleza física y espiritual, estamos hechos para llevar a cabo los propósitos de Dios para la tierra no solo en la esfera física sino también en la esfera espiritual. Cuando Dios creó a Adán y Eva y los puso en el jardín del Edén, nunca fue su intención que se fueran del jardín. En lugar de ello, Él quería que *el jardín se extendiera a toda la tierra*. ¿Qué significa esto? Dios quería que ellos tomaran el carácter del jardín del Edén (la presencia, luz y verdad de Dios) y lo extendieran por todo el mundo. Este es el significado global de tener dominio sobre la tierra. Isaías 11:9 dice: *"Porque rebosará la tierra con el conocimiento del Señor como rebosa el mar con las aguas"*. Este sigue siendo el propósito de Dios para hoy: que la humanidad extienda su presencia, luz y verdad por toda la tierra. Y una manera vital en la que hacemos eso es mediante la relación que tenemos con Dios en oración.

⌣

Pensamiento: Dios quiere que tomemos el carácter del jardín del Edén (la presencia, luz y verdad de Dios) y lo extendamos por todo el mundo.

Lectura: Salmos 8:3–8

DIOS MANTIENE EN ALTO SU PALABRA

Me postraré hacia tu santo templo, Y alabaré tu nombre por tu misericordia y tu fidelidad; Porque has engrandecido tu nombre, y tu palabra sobre todas las cosas. —Salmos 138:2 (RVR 60)

Para entender el propósito y poder de la oración, también debemos reconocer que el compromiso de Dios de cumplir su propósito nunca será a expensas de quebrantar su palabra hablada o su Palabra escrita. El versículo de Salmos 138:2 (RVR 60) nos dice que Él ha puesto su palabra incluso por encima de su nombre.

Es el compromiso de Dios con su Palabra lo que forma la base del principio de la oración. La Palabra de Dios no es solo la ley para el hombre, porque también se llama "la Ley de Dios". Esto implica que cada palabra que Dios declara es también una ley para sí mismo. Él se sujetará a sus promesas y decretos debido a su integridad.

En el libro de los Salmos encontramos estas palabras:

Tu palabra, Señor, es eterna, y está firme en los cielos. Tu fidelidad permanece para siempre. (Salmos 119:89–90)

Dios es fiel a su Palabra a cualquier precio. Entendiendo esto, podemos apreciar las implicaciones y el impacto de estas palabras iniciales dichas por el Creador al crear al hombre: *"Que tenga dominio sobre…[toda la tierra RVR 60]"* (Génesis 1:26).

Por favor, observemos de nuevo que no dijo: "Que tengamos", sino *"Que tenga"*. Con esta declaración, Dios creó estas siete leyes primarias:

1. La autoridad legal para dominar la tierra le fue dada solamente al ser humano.

2. Dios no se incluyó a sí mismo en la estructura de autoridad legal sobre la tierra.

3. El hombre se convirtió en el administrador legal del dominio terrenal.

4. El hombre es un espíritu con un cuerpo físico; por lo tanto, solo los espíritus con cuerpos físicos pueden actuar legalmente en la esfera de la tierra.

5. Cualquier espíritu sin cuerpo es ilegal en la tierra.

6. Cualquier influencia o interferencia del ámbito sobrenatural sobre la tierra es legal solo a través de los seres humanos.

7. Dios, que es Espíritu sin cuerpo físico, se sometió a esta ley.

A continuación están los resultados de estas leyes, que fueron establecidas por Dios mismo:

+ La autoridad legal sobre la tierra está en manos de los seres humanos.

+ El Creador, debido a su integridad, no violará la ley de su Palabra.

+ No ocurrirá nada en la esfera terrenal sin el permiso activo o pasivo del hombre, que es su autoridad legal.

+ El Creador y los seres celestiales no pueden interferir en la esfera terrenal sin la cooperación o el permiso de los seres humanos.

+ Dios debe obtener el acuerdo y la cooperación de una persona para cualquier cosa que Él desee hacer en la tierra.

Como explicaré más adelante en el siguiente devocional, una perspectiva así podría ser un tanto impactante para algunas personas; sin embargo, estos principios son clave para entender la naturaleza, el poder, y el propósito de la oración. Es en estos preceptos donde descubriremos la verdadera definición de la oración.

⌒

Pensamiento: El Creador, debido a su integridad, no violará la ley de su Palabra.

Lectura: Salmos 119:89–104

¿QUÉ ES LA ORACIÓN?

Oren en el Espíritu en todo momento, con peticiones y ruegos.
—Efesios 6:18

"¿Cuál es el propósito de la oración?". ¿Acaso no hace Dios lo que quiere de todos modos?". "¿Por qué debemos orar cuando Dios ya lo sabe todo, lo controla todo, lo predetermina todo, y no cambia?".

Creo que estas preguntas son válidas, y ya comenzamos a explorar sus respuestas en el devocional de ayer. Tenemos que entender verdades esenciales acerca de la naturaleza de Dios y sus propósitos para los seres humanos que conducen a la necesidad de la oración. Por eso comenzamos con el relato bíblico de la creación de la humanidad para revelar estos principios relacionados:

+ La oración es el hombre que le da a Dios el derecho legal y el permiso de interferir en los asuntos de la tierra.

+ La oración es el hombre que le da al cielo la licencia terrenal para influir sobre la tierra.

+ La oración es una licencia terrenal para la interferencia celestial.

+ La oración es el hombre que ejerce su autoridad legal sobre la tierra para invocar la influencia del cielo sobre el planeta.

Repito que estos aspectos definitivos de la oración podrían ser un tanto asombrosos para algunos, pero un estudio más minucioso nos ayudará a explicar muchas declaraciones bíblicas en su relación con las actividades celestiales sobre la tierra. Echemos un vistazo a algunas de estas declaraciones:

Si mi pueblo, que lleva mi nombre, se humilla y ora, y me busca y abandona su mala conducta, yo lo escucharé desde el cielo, perdonaré su pecado y restauraré su tierra. (2 Crónicas 7:14)

Jesús les contó a sus discípulos una parábola para mostrarles que debían orar siempre, sin desanimarse. (Lucas 18:1)

Oren en el Espíritu en todo momento, con peticiones y ruegos. Manténganse alerta y perseveren en oración por todos los santos. (Efesios 6:18)

Estén siempre alegres, oren sin cesar, den gracias a Dios en toda situación, porque esta es su voluntad para ustedes en Cristo Jesús. (1 Tesalonicenses 5:16–18)

Claramente, Dios desea que su pueblo se comunique con Él mediante la oración. Cada acción que Dios lleva a cabo en la tierra ha necesitado la participación de un ser humano. Para rescatar a la humanidad en el diluvio, Dios necesitó a Noé. Para la creación de una nación, necesitó a Abraham. Para guiar a la nación de Israel, necesitó a Moisés. Para hacer regresar a Israel de su cautiverio, necesitó a Daniel. Para vencer a Jericó, necesitó a Josué. Para la preservación de los hebreos, necesitó a Ester. Para la salvación de la humanidad, *Él tuvo que hacerse hombre.*

La oración, por lo tanto, no es opcional para la humanidad sino una necesidad. Si no oramos, el cielo no puede intervenir en los asuntos de la tierra. Es imperativo que asumamos la responsabilidad sobre la tierra y determinemos lo que suceda aquí mediante nuestra vida de oración.

Como dijo una vez John Wesley: "Cada acción de Dios es en respuesta a una oración".[3]

Pensamiento: Cada acción que Dios lleva a cabo sobre la tierra ha necesitado la participación de un ser humano.

Lectura: 2 Crónicas 7:14–15

---

3. John Wesley, en E. M. Bounds, *Power through Prayer* (New Kensington, PA: Whitaker House, 2012), p. 117.

—Día 8—
LA ORACIÓN ES COMUNIÓN CON DIOS

*Caminaré entre ustedes. Yo seré su Dios, y ustedes serán mi
pueblo.*   —Levítico 26:12

¿Quién hizo la primera oración? Yo diría que fue Adán,
porque fue creado primero y Dios le habló primero con respecto a
cuidar el jardín y sobre los parámetros del dominio del ser humano
sobre la tierra. (Ver Génesis 2:15-17). La Biblia da a entender que
Dios solía caminar y hablar con Adán en el frescor del día. (Ver
Génesis 3:8-9). La comunión entre Dios y Adán, y el acuerdo de
Adán con los propósitos de Dios, formaron la esencia de la primera
oración. Quizá digas: "Sí, pero Adán ya estaba en la presencia de
Dios. ¿Por qué tenía que orar?".

Adán tenía que orar porque, desde la creación, la oración había
de ser un lugar de pureza delante de Dios en el que reflejamos su
naturaleza y una unidad con sus propósitos, en el que nuestras
voluntades están en acuerdo total con su voluntad. El corazón de
la oración es la comunión con Dios en una unidad de amor y propósito. Es también nuestro acuerdo con Dios (en corazón, alma,
mente y fuerzas) para traer a la tierra la voluntad de Dios.

El relato de la creación del ser humano nos muestra que Dios
nunca deseó ni quiso gobernar la tierra por sí mismo. ¿Por qué?
Porque *"Dios es amor"* (1 Juan 4:8, 16), y el amor no piensa en esos
términos. Una persona egoísta quiere toda la gloria, todo el mérito,
todo el poder, toda la autoridad, todos los derechos y todos los
privilegios; sin embargo, una persona de amor quiere que otros
tengan parte en lo que él tiene. Es crucial para nosotros entender que la *relación de amor* que Dios estableció con el ser humano
no está separada del *propósito* que Dios tiene para el ser humano.

Más bien, la relación es fundamental para el propósito; ambas son claves vitales para la oración.

La esencia de la oración, por lo tanto, es doble:

1. La oración es una expresión de la unidad de la humanidad y la *relación* de amor con Dios, nuestro Padre.

2. La oración es una expresión de la afirmación de Dios de la humanidad y la participación en los *propósitos* de Dios para la tierra.

De nuevo, para entender por completo la esencia de la oración, tenemos que reconocer que la oración comenzó con la *creación* de la humanidad. No se instituyó *después* de la caída de Adán y Eva sino *antes*. La oración existía desde el comienzo de la relación de Dios con los seres humanos. Orar significa tener comunión con Dios, hacerse uno con Él. Significa unión con Dios, unidad y singularidad de propósito, pensamiento, deseo, voluntad, razón, motivo, objetivo y sentimientos. H. D. Bollinger dijo: "La oración es la expresión de la relación de un ser con otro ser".

La oración es el vehículo del hombre para el alma y el espíritu mediante el cual tiene comunión con el Dios invisible. Es también el medio por el cual el espíritu humano afecta y se ve afectado por la voluntad y el propósito del Creador divino. Por lo tanto, podemos decir lo siguiente:

La oración es la participación de alguien (de todo el ser de alguien) con Dios.

~

Pensamiento: Dios deseaba una descendencia con la que pudiera compartir una relación de amor, así como supremacía y dominio.

Lectura: 1 Juan 1:3

—DÍA 9—
LA ORACIÓN ES EJERCER DOMINIO

Esta es la confianza que tenemos al acercarnos a Dios: que, si pedimos conforme a su voluntad, él nos oye. —1 Juan 5:14

La oración es necesaria para que la voluntad de Dios se haga en la tierra.

Dios hace que sucedan cosas en la tierra cuando los hombres y las mujeres oran de acuerdo a su voluntad. Como estamos aprendiendo, nuestra necesidad de orar es un resultado del modo en que Dios dispuso el dominio y la autoridad para la tierra: Dios creó el mundo. Después creó a los hombres y las mujeres y les dio dominio sobre todas las obras de sus manos. Como Dios nunca quebranta su palabra con respecto a cómo deben funcionar las cosas, la oración es obligada, y no opcional, para el progreso y la victoria espiritual en nuestra vida particular y en el mundo en general. Dios se mueve como respuesta a la oración.

El plan de Dios en cuanto a la autoridad para dominar del hombre es que deseemos lo que Él desea, que queramos lo que Él quiere, y le pidamos que lleve a cabo sus propósitos en el mundo a fin de que la bondad y la verdad puedan reinar en la tierra en lugar del mal y la oscuridad. En este sentido, la oración es el hombre que le da a Dios la libertad de intervenir en los asuntos de la tierra.

Como miembro de la raza humana, creado a imagen de Dios, tienes esta autoridad para dominar como parte de tu herencia. El deseo de Dios es que quieras *su* voluntad. Su voluntad ha de ser la columna vertebral y el centro de tus oraciones, el corazón de tu intercesión, la fuente de tu confianza en tus ruegos, la fortaleza de tus oraciones fervientes y eficaces.

La oración no significa convencer a Dios para que haga *tu* voluntad, sino hacer *su* voluntad a través de la tuya. La afirmación de Jesús en oración estaba basada en su conocimiento y realización de la voluntad de Dios. Como dice en 1 Juan 5:

> *Esta es la confianza que tenemos al acercarnos a Dios: que, si pedimos conforme a su voluntad, él nos oye. Y, si sabemos que Dios oye todas nuestras oraciones, podemos estar seguros de que ya tenemos lo que le hemos pedido.* (1 Juan 5:14–15)

Por lo tanto, la clave para una oración eficaz es entender el propósito de Dios para tu vida, su razón de que tú existas, como ser humano en general y como individuo específicamente.[4] Este es un principio especialmente importante a recordar: una vez que entiendes tu propósito, este se convierte en la "materia prima", el asunto fundamental, para tu vida de oración. La voluntad de Dios es la autoridad de tus oraciones. La oración es llamar y declarar lo que Dios ya ha propuesto y predestinado, continuando su obra de creación y el establecimiento de sus planes para la tierra.

De esta manera, tu propósito en Dios es el material fundamental para tus oraciones con respecto a…

provisión	resistencia	agradecimiento
sanidad	paciencia	confianza
liberación	autoridad	seguridad
poder	fe	valentía
protección	alabanza	paz

---

4. El enfoque de este devocional está en los propósitos globales de Dios para la humanidad y cómo se cumplen mediante la oración. Para más enseñanza sobre encontrar el propósito individual, por favor busca los siguientes libros del Dr. Myles Munroe sobre la visión: *Los principios y el poder de la visión* (New Kensington, PA: Whitaker House, 2003) y *Visión con propósito y poder: Un devocional de 90 días* (New Kensington, PA: Whitaker House, 2022).

...para suplir *todas* tus necesidades. Todo lo que necesitas está disponible para cumplir tu propósito. Todo lo que Dios es, y todo lo que tiene, se puede recibir mediante la oración.

⌒

Pensamiento: La voluntad de Dios es su propósito para la humanidad. Para ser y hacer aquello para lo que fuimos creados, debemos desear hacer la voluntad de Dios.

Lectura: Salmos 40:8

— DÍA 10 —
LA ORACIÓN ES PEDIRLE A DIOS QUE INTERVENGA EN LOS ASUNTOS HUMANOS

Y, si sabemos que Dios oye todas nuestras oraciones, podemos estar seguros de que ya tenemos lo que le hemos pedido.
—1 Juan 5:15

Cuando conocemos la voluntad de Dios, cuando somos obedientes a ella, y cuando le pedimos a Dios que la cumpla, Dios nos da lo que le pedimos. Ya sea que estemos orando por necesidades individuales, familiares, comunitarias, nacionales o mundiales, debemos intentar estar en sintonía con la voluntad de Dios para que sus propósitos puedan reinar en la tierra. Esta es la esencia de ejercer dominio.

Cuando oramos, llevamos a cabo nuestra responsabilidad de demostrar lo que significa nuestra relación con Dios en términos de vivir y gobernar en el mundo. Como hemos visto, debido a que Dios le dio a la humanidad autoridad sobre la tierra en la creación, requiere el permiso o la autorización del ser humano para actuar en la tierra. Por eso es tan importante que oremos. Cuando dejamos de orar, permitimos que los propósitos de Dios para el mundo se vean obstaculizados. Recuerda que Jesús enseñó a sus discípulos *"que debían orar siempre, sin desanimarse"* (Lucas 18:1). También dijo: *"Te daré las llaves del reino de los cielos; todo lo que ates en la tierra quedará atado en el cielo, y todo lo que desates en la tierra quedará desatado en el cielo"* (Mateo 16:19).

Conocer estas verdades es necesario para tener una oración eficaz. Tenemos que pedirle a Dios que intervenga en los asuntos humanos. Si no lo hacemos, nuestro mundo será susceptible a las influencias de Satanás y el pecado. Dios finalmente hará que sus propósitos se lleven a cabo en el mundo, con o sin nuestra cooperación individual. Si no oras, al final Él encontrará a alguien que se ponga de acuerdo con sus planes; sin embargo, cuando eres negligente al orar, estás fallando a la hora de cumplir *tu* rol en sus propósitos. Él no quiere que te pierdas este privilegio, por tu bien y por el de Él. Santiago 4:2 dice: *"No tienen, porque no piden"*.

Una vez más, la oración no es opcional para el creyente. Es una necesidad para cumplir los propósitos de Dios en el mundo y en nuestra vida individual. El tiempo empleado en oración no es tiempo desperdiciado sino tiempo invertido. Al abrazar la voluntad de Dios, al vivir delante de Él en la justicia de Cristo, al buscar cumplir sus propósitos, nada podrá obstaculizar nuestras oraciones, y comenzaremos a entender lo que dijo Jesús en Mateo 19:26: *"Mas para Dios todo es posible"*.

Pensamiento: La oración no es opcional. Es una necesidad para cumplir los propósitos de Dios en el mundo y en nuestras propias vidas.

Lectura: Salmos 145:17–19

—DÍA 11—
"YO LE RESPONDERÉ"

Él me invocará, y yo le responderé; estaré con él en momentos de angustia; lo libraré y lo llenaré de honores.

—Salmos 91:15

La oración está diseñada para obtener respuestas, o de lo contrario Dios no nos pediría orar. Él no tiene interés en malgastar tu tiempo y tus esfuerzos; Él es demasiado práctico como para eso. Él está interesado en los resultados, no solo en las *"muchas palabras"* (Mateo 6:7) dichas en oración. El enfoque que tenía Jesús de la oración era también muy práctico. Él no oraba sin esperar ser escuchado. En cierto momento, Él dijo: *"Padre, te doy gracias porque me has escuchado. Ya sabía yo que **siempre** me escuchas, pero lo dije por la gente que está aquí presente, para que crean que tú me enviaste"* (Juan 11:41–42). Tenemos que saber cómo acercarnos a Dios y aprender cuál es el tipo de oraciones que Dios responde. Tenemos que orar como Jesús oró.

Dios es amoroso y compasivo. Él sabe que tenemos un entendimiento limitado de Él y de sus caminos, y que luchamos con nuestra naturaleza caída. Por eso, a veces Él responderá a nuestras oraciones incluso aunque sean débiles y estén llenas de duda; sin embargo, como un Padre amoroso, quiere que crezcamos y maduremos. Él no quiere que nos quedemos en nuestra debilidad e incertidumbre; quiere que entremos en sus propósitos porque es ahí donde verdaderamente podemos ser hijos de nuestro Padre celestial, trabajando juntamente con Él y viviendo la vida abundante que Cristo vino a darnos. (Ver Juan 10:10). Por lo tanto, a veces Él retendrá la respuesta a la oración para que le busquemos tanto a Él como los principios de la oración que son esenciales para orar según su voluntad y para apropiarnos de sus promesas y de su poder.

La verdadera oración hará lo siguiente:

+ Desarrollar cercanía con Dios.

+ Dar honor a su naturaleza y carácter.

+ Producir respeto por su integridad.

+ Facilitar la creencia en su Palabra.

+ Causar confianza en su amor.

+ Afirmar sus propósitos y su voluntad.

+ Apropiarse de sus promesas.

A medida que nos preparamos para aprender más sobre la oración con propósito y poder en los días venideros, oremos juntos:

Padre celestial,

Tú has dicho: *"Clama a mí y te responderé, y te daré a conocer cosas grandes y ocultas que tú no sabes"* (Jeremías 33:3). Sobre la base de esta promesa, clamamos a ti y te pedimos que nos muestres verdades grandes y ocultas sobre la oración que tú has establecido en tu Palabra. Danos una mente y un corazón abiertos para oír tu Palabra y para permitir que el Espíritu Santo nos enseñe tus propósitos y tu verdad. Te lo pedimos en el nombre de Jesús, nuestra Sabiduría y nuestra Fortaleza. Amén.

Pensamiento: La oración está diseñada para obtener respuestas, o de lo contrario Dios no nos pediría que oremos.

Lectura: Salmos 32:6–7

RELACIÓN ROTA, EFICACIA EN LA ORACIÓN ROTA

Por medio de un solo hombre el pecado entró en el mundo, y por medio del pecado entró la muerte; fue así como la muerte pasó a toda la humanidad, porque todos pecaron.

—Romanos 5:12

Dios dio a la humanidad una enorme cantidad de libertad y autoridad sobre la tierra; sin embargo, estos regalos dependían de que el hombre hiciera uso de su voluntad para hacer la voluntad de Dios. Si usaba su voluntad para cualquier otra cosa que no fuera la voluntad de Dios, la imagen y semejanza de Dios en él se deterioraría, y los propósitos de Dios para el mundo se verían obstaculizados, propósitos de bondad, productividad, creatividad, verdad, gozo y amor. La rebelión de Adán y Eva produjo esta distorsión de la imagen de Dios en la humanidad, atacando con ello los planes de Dios para la tierra. Esto sucedió porque el hombre usó su voluntad para unos propósitos *egoístas*, mientras que la voluntad de Dios se basa en *su amor.*

¿Cómo se produjo esta rebelión? Satanás tentó a Adán y Eva para que desobedecieran a Dios, y ellos escogieron alinearse con los propósitos de Satanás en lugar de los de Dios. Al hacerlo, los seres humanos pecaron y cortaron su comunión con Dios. La humanidad ya no estaba de acuerdo con su Creador para cumplir sus propósitos para la tierra, dejando al mundo a merced de una autoridad renegada. Cuando el hombre cedió su autoridad a Satanás, se introdujo con ello un nuevo gobernante en la tierra, uno que estaba inclinado a su destrucción en lugar de su crecimiento en bondad y productividad. Como Satanás usurpó la autoridad de la humanidad en la tierra, el apóstol Pablo se refirió a él como *"el dios de este mundo"* (2 Corintios 4:4, NTV).

Cuando Adán y Eva rompieron su relación con Dios, *su eficacia en la oración también quedó rota*. Recuerda: la verdadera oración se mantiene mediante la unidad de corazón y propósito con Dios. Solo entonces podemos cumplir los caminos y los planes de Dios. Cuando oramos, representamos los intereses de Dios en la tierra, y la representación exige una relación. Por lo tanto, nuestras dificultades en la oración se pueden remontar directamente a la caída y la resultante naturaleza caída del hombre, mediante la cual fuimos separados de Dios.

Si queremos ser restaurados a los propósitos de Dios en el área vital de la oración, debemos entender quiénes somos en Cristo y actuar en base a ello y a los principios de la oración que Dios ha establecido. Tal vez no vemos la oración como un área en la que tengamos que ser *"transformados mediante la renovación de [nuestra] mente"* (Romanos 12:2). Sin embargo, como la oración eficaz tiene todo que ver con estar unidos a Dios en una relación de amor, tener el corazón y la mente en sintonía con la voluntad de Dios, conseguir que nuestra mente discierna sus propósitos, y ejercer la fe en su Palabra, es un área vital en la que tenemos que ser transformados.

> *No se amolden al mundo actual, sino sean transformados mediante la renovación de su mente. Así podrán comprobar cuál es la voluntad de Dios, buena, agradable y perfecta.*
>
> (Romanos 12:2)

⁓

Pensamiento: Cuando Adán y Eva rompieron su relación con Dios, su eficacia en la oración también quedó rota.

Lectura: Romanos 5:10–15

¿QUÉ NOS DA EL DERECHO A ORAR?

Así que, hermanos, mediante la sangre de Jesús, tenemos
plena libertad para entrar en el Lugar Santísimo.
—Hebreos 10:19

Anteriormente en este devocional planteamos la pregunta: "¿Cuál es el *propósito* de la oración?". Esencialmente, definimos el doble propósito de la oración que fue establecido en la creación de este modo: (1) La oración es el vehículo mediante el cual puedes tener comunión con el Dios invisible. (2) La oración es el medio mediante el cual tu espíritu puede afectar y ser afectado por la voluntad y el propósito del Creador divino.

Ese es el *propósito* de la oración. Sin embargo, ¿en base a qué tienes un *derecho* para acudir delante de Dios en oración? Tienes que estar seguro de la respuesta a esta pregunta en tu propio corazón y mente si quieres tener una vida de oración eficaz.

Originalmente, Dios nos dio el derecho de orar en virtud de nuestra relación con Él y nuestro propósito de ejercer dominio sobre la tierra; sin embargo, nuestra relación con nuestro Creador quedó rota mediante el pecado de nuestros primeros ancestros, y nuestra autoridad de dominio se perdió. En ese punto, Satanás, en lugar del hombre, se convirtió en *"el dios de este mundo"* (2 Corintios 4:4, NTV). ¿En qué lugar dejó esto a las personas con respecto a su comunión con Dios y sus propósitos para la oración? Se vieron separados de Él y de sus planes para ellos, así que ellos...

+ Se sintieron aislados de Dios.

+ Estaban inseguros de su relación con respecto a Él.

+ No sabían lo que Dios quería hacer por ellos y a través de ellos.

+ Perdieron su sentido de propósito.

¿Se parecen en algo estos resultados a tu propia vida de oración? Si es así, tienes que darte cuenta de que tu concepto de la oración se ha visto influenciado por los efectos de la caída. Sin embargo, Dios quiere darte un nuevo panorama de la oración, que refleje sus propósitos para la redención y también para la creación. Un panorama que reafirme tu derecho a orar.

¿Cómo podía Dios capacitar a la humanidad para recuperar una relación con Él y la autoridad sobre la tierra cuando el hombre había sido despojado de estos dones mediante su propia decisión? Tenemos que apreciar la magnitud del dilema del hombre. Había que tratar con el pecado del hombre. El hombre también tendría que querer regresar a Dios y trabajar junto a Él usando su libre albedrío. Estos asuntos no eran sencillos. Restaurar a la humanidad habría sido imposible si no hubiera sido por Jesucristo. Como Jesús mismo dijo: *"Para los hombres es imposible —aclaró Jesús, mirándolos fijamente—, mas para Dios todo es posible"* (Mateo 19:26). El plan eterno de Dios para la humanidad se hizo posible de nuevo mediante la venida de Jesucristo.

Solo a través de Cristo somos restaurados a nuestros propósitos en Dios.

Solo a través de Cristo tenemos el derecho de orar a Dios con autoridad de dominio.

<hr />

Pensamiento: Dios quiere darnos un nuevo panorama de la oración, que refleje sus propósitos para la redención y para la creación.

Lectura: Hebreos 10:19–22

—Día 14—
JESÚS RESTAURÓ NUESTRA AUTORIDAD

En él [Jesús], mediante la fe, disfrutamos de libertad y confianza para acercarnos a Dios.   —Efesios 3:12

Desde el principio, Dios planeó que la redención del hombre y la restauración del propósito se produjeran a través de Jesucristo.

> [Dios] *nos hizo conocer el misterio de su voluntad conforme al buen propósito que de antemano estableció en Cristo… El fin de todo esto es que la sabiduría de Dios, en toda su diversidad, se dé a conocer ahora, por medio de la iglesia, a los poderes y autoridades en las regiones celestiales, conforme a su eterno propósito realizado en Cristo Jesús nuestro Señor. En él, mediante la fe, disfrutamos de libertad y confianza para acercarnos a Dios.* (Efesios 1:9; 3:10–12)

¿Cómo podría Cristo lograr el *"eterno propósito"*? Para restaurar el propósito de Dios, Jesús tuvo que venir como Representante de la autoridad legal de la tierra: el hombre. Tuvo que venir como un *ser humano*, como el Segundo Adán, como el comienzo de una nueva familia de humanidad que estaría consagrada a Dios, *"el primogénito entre muchos hermanos"* (Romanos 8:29). La Escritura dice: *"Y el Verbo se hizo carne y habitó entre nosotros"* (Juan 1:14). Si Él no hubiera venido como hombre, no habría tenido el derecho de reclamar la humanidad y la tierra para Dios, según el modo en que Dios había ordenado que fueran sus propósitos para el mundo.

Además, para restaurar la relación rota del hombre con Dios, Jesús tenía que ser sin pecado, y tuvo que *decidir* hacer la voluntad de Dios. Solo un hombre perfectamente justo que deseara hacer la voluntad de Dios podría redimir a la humanidad. La Biblia dice: *"Al* que no cometió pecado alguno, por nosotros Dios lo trató como pecador, para que en él recibiéramos la justicia de Dios" (2 Corintios 5:21). Por lo tanto, la segunda persona de la Trinidad voluntariamente dejó a un lado su gloria celestial y vino a la tierra como un hombre:

> [Cristo], quien, siendo por naturaleza Dios, no consideró el ser igual a Dios como algo a qué aferrarse. Por el contrario, se rebajó voluntariamente, tomando la naturaleza de siervo y haciéndose semejante a los seres humanos. Y, al manifestarse como hombre, se humilló a sí mismo y se hizo obediente hasta la muerte, ¡y muerte de cruz!   (Filipenses 2:6–8)

Dios dio a la humanidad la libertad de actuar como la autoridad legal sobre la tierra. Él situó su voluntad para la tierra sobre la cooperación de la voluntad del hombre. Este propósito nunca cambió, incluso después de la caída de la humanidad.

Es esencial para nosotros recordar estas verdades:

+ Jesús vino como hombre. Por lo tanto, estaba calificado como Representante de la autoridad terrenal.

+ Jesús fue perfectamente obediente y sin pecado. Por lo tanto, estaba calificado para ser el Hijo de Dios y para restaurar la relación del hombre con el Padre venciendo al pecado y a la muerte mediante su sacrificio en la cruz.

+ Jesús resucitó victorioso. Por lo tanto, estaba calificado para derrotar al pecado y a Satanás, recuperando la autoridad sobre la tierra, ser el Rey legítimo de la tierra y restablecer la autoridad que Dios le dio al hombre para dominar.

⌒

Pensamiento: Para restaurar el propósito de Dios, Jesús tuvo que venir como Representante de la autoridad legal de la tierra: el hombre.

Lectura: Romanos 5:17–19

—Día 15—
JESÚS ES EL SEGUNDO ADÁN

Así está escrito: «El primer hombre, Adán, se convirtió en un ser viviente»; el último [segundo] Adán, en el Espíritu que da vida.   —1 Corintios 15:45

Cristo logró nuestra redención y reclamó nuestra autoridad terrenal al ser el Segundo Adán. *"Pues, así como en Adán todos mueren, también en Cristo todos volverán a vivir"* (1 Corintios 15:22).

Estas son tres cualidades que Cristo manifiesta como el Segundo Adán:

1. *Jesús es la imagen de Dios.* Jesús refleja la imagen de Dios, así como Adán había hecho originalmente. Jesús es llamado *"Cristo, el cual es la imagen de Dios"* (2 Corintios 4:4). Además, como la segunda persona de la Trinidad, Jesús retuvo su divinidad, así que Cristo es plenamente humano y plenamente Dios. Esto significa que la plenitud de la *"imagen de Dios"* fue revelada tanto en su humanidad como en su divinidad: *"Porque a Dios le agradó habitar en él con toda su plenitud"* (Colosenses 1:19). *"Toda la plenitud de la divinidad habita en forma corporal en Cristo; y en él, que es la cabeza de todo poder y autoridad, ustedes han recibido esa plenitud"* (Colosenses 2:9–10). *"Él es la imagen del Dios invisible, el primogénito de toda creación"* (Colosenses 1:15).

2. *Jesús tiene una relación de amor con Dios única y profunda,* reflejando perfectamente la relación que Dios deseaba tener con Adán y Eva.

El Padre ama al Hijo, y ha puesto todo en sus manos.

               (Juan 3:35)

Pues el Padre ama al Hijo y le muestra todo lo que hace.

(Juan 5:20)

El amor del Padre y el Hijo es tan profundo y recíproco, que Jesús pudo decir: *"El Padre y yo somos uno"* (Juan 10:30).

3. *Jesús vive para hacer la voluntad de Dios.* Los versículos anteriores nos recuerdan la conexión entre el amor por Dios y la unidad con sus propósitos, lo cual era característico de la relación original de la humanidad con Dios. A lo largo de los Evangelios, Jesús reveló que su único propósito y objetivo en la vida fue hacer la voluntad de Dios:

—Mi alimento es hacer la voluntad del que me envió y termi-nar su obra —les dijo Jesús—. (Juan 4:34)

Yo no puedo hacer nada por mí mismo. Yo juzgo según lo que oigo; y mi juicio es justo, porque no busco hacer mi voluntad, sino hacer la voluntad del que me envió. (Juan 5:30, RVC)

Porque he bajado del cielo no para hacer mi voluntad, sino la del que me envió. (Juan 6:38)

Jesús vive para hacer la voluntad de Dios. Él es uno con Dios y sus propósitos, y dijo que cualquiera que haga la voluntad de Dios pertenece a la familia de Dios: *"Pues mi hermano, mi hermana y mi madre son los que hacen la voluntad de mi Padre que está en el cielo"* (Mateo 12:50).

Pensamiento: Jesús tiene una relación de amor con Dios única y profunda, reflejando perfectamente la relación que Dios deseaba tener con Adán y Eva.

Lectura: Mateo 26:39, 42

JESÚS REINA CON AUTORIDAD

Jesús se acercó entonces a ellos y les dijo: —Se me ha dado toda autoridad en el cielo y en la tierra. —Mateo 28:18

Así como Adán y Eva tenían que administrar el gobierno de Dios sobre la tierra, Cristo exhibió la autoridad de Dios mientras vivió en la tierra: *"Los ciegos ven, los cojos andan, los que tienen lepra son sanados, los sordos oyen, los muertos resucitan y a los pobres se les anuncian las buenas nuevas"* (Mateo 11:5). Su autoridad y reinado fueron manifestados poderosamente cuando resucitó de la muerte y venció al pecado, a Satanás y a la muerte. Cuando Jesús regrese a la tierra, su autoridad será reconocida por todo el mundo:

> *… para que en el nombre de Jesús se doble toda rodilla en el cielo y en la tierra y debajo de la tierra, y toda lengua confiese que Jesucristo es el Señor, para gloria de Dios Padre.*
> (Filipenses 2:10–11)

> *En su manto y sobre el muslo lleva escrito este nombre: Rey de reyes y Señor de señores.* (Apocalipsis 19:16)

> *El reino del mundo ha pasado a ser de nuestro Señor y de su Cristo, y él reinará por los siglos de los siglos.*
> (Apocalipsis 11:15)

Como fue el Hombre perfecto y el Sacrificio perfecto, Jesús tiene el derecho y el poder de reinar sobre la tierra y de pedirle a Dios que intervenga en el mundo. Esto significa que, incluso si no hay más personas en acuerdo con Dios, Cristo puede hacer que se cumplan los propósitos de Dios para la tierra. Sus oraciones por la humanidad son poderosas y efectivas. *"Por eso también puede salvar por completo a los que por medio de él se acercan a Dios, ya que vive siempre para interceder por ellos"* (Hebreos 7:25).

Además, Jesús ha dado a los creyentes su Espíritu para que puedan ponerse de acuerdo con los propósitos de Dios incluso cuando estén inseguros sobre cómo orar. *"Así mismo, en nuestra debilidad el Espíritu acude a ayudarnos. No sabemos qué pedir, pero el Espíritu mismo intercede por nosotros con gemidos que no pueden expresarse con palabras"* (Romanos 8:26).

La oración es tanto un derecho como un privilegio del hombre redimido. No puedo enfatizar más la relación tan vital que hay entre la redención y la verdadera oración.

La posición y autoridad que Jesús ganó se nos han *transferido otra vez* a través del renacimiento espiritual en Cristo. (Ver Juan 3:5). Cuando creemos en Jesucristo y lo recibimos en nuestro corazón, ¡nuestra relación con Dios y nuestra autoridad sobre la tierra son restauradas! Gracias a Cristo, podemos vivir de nuevo como verdaderos hijos e hijas de Dios, con todos los derechos y privilegios asociados con ser su descendencia. Nos podemos gozar de que ahora estamos en nuestra legítima posición para entrar plenamente en una relación de amor con Dios y ponernos de acuerdo en que *"venga su reino, y se haga su voluntad en la tierra, así como ocurre en el cielo".* (Ver Mateo 6:10).

Es la voluntad de Dios que cada persona sea redimida y gobierne en la tierra a través del Espíritu de Cristo. Mediante la humanidad, Dios desea revelar su carácter, naturaleza, principios, preceptos y justicia al mundo visible. Este es el plan *eterno* de Dios. Se aplica a nuestra vida presente en la tierra, y se aplicará por toda la eternidad.

⌒

Pensamiento: La posición y autoridad que Jesús ganó se nos han transferido otra vez a través del renacimiento en Cristo.

Lectura: Efesios 1:19–23

—Día 17—
¿QUIÉNES SOMOS EN CRISTO?

Como bien saben, ustedes fueron rescatados de la vida absurda que heredaron de sus antepasados. El precio de su rescate no se pagó con cosas perecederas, como el oro o la plata, sino con la preciosa sangre de Cristo, como de un cordero sin mancha y sin defecto. —1 Pedro 1:18–19

¿Quiénes somos en Cristo?

Somos nuevas criaturas. La Biblia dice: *"Por lo tanto, si alguno está en Cristo, es una nueva creación. ¡Lo viejo ha pasado, ha llegado ya lo nuevo! Todo esto proviene de Dios"* (2 Corintios 5:17–18). Esto no es algo que nos hemos inventado. No es presunción por nuestra parte. Viene de Dios: por lo tanto, no tenemos que tener miedo de decirlo y vivirlo en su maravillosa realidad.

Somos los redimidos. Esto no es solo una filosofía o una opinión. Es la descripción del Padre de quiénes somos en su Hijo. El Segundo Adán redimió a la humanidad y, como resultado, no solo somos nuevas criaturas, sino que también tenemos una redención que es literal y absoluta. Nuestra redención restaura nuestro dominio.

¿Qué significa esta redención para nosotros?

1. *Satanás no tiene autoridad sobre nosotros.* Satanás es el príncipe de las tinieblas, y se convirtió en el dios de este mundo cuando tentó con éxito a Adán y Eva para que rechazaran los caminos de Dios. Sin embargo, a través de Cristo hemos sido liberados del dominio de Satanás, hemos sido sacados del ámbito de las tinieblas. Por eso, aunque seguimos viviendo en un mundo caído, no pertenecemos a él. Pertenecemos al reino de Dios: *"Él nos libró del dominio de la oscuridad y nos trasladó al reino de su amado Hijo"*

(Colosenses 1:13). *"Pero ustedes son linaje escogido, real sacerdocio, nación santa, pueblo que pertenece a Dios, para que proclamen las obras maravillosas de aquel que los llamó de las tinieblas a su luz admirable"* (1 Pedro 2:9). Debido a que hemos sido liberados del dominio de Satanás, el enemigo ya no tiene autoridad sobre nosotros. Más bien, nosotros tenemos autoridad sobre él en el nombre de Jesús.

2. *El pecado no tiene autoridad sobre nosotros.* Cristo también nos ha librado del dominio y poder del pecado. *"Así el pecado no tendrá dominio sobre ustedes, porque ya no están bajo la ley, sino bajo la gracia"* (Romanos 6:14). La Biblia dice que, cuando nos hemos arrepentido de nuestros pecados y hemos creído en Jesús como nuestro Sustituto y Representante, estamos *"en Cristo"* (2 Corintios 5:17). Somos la *"justicia de Dios"* en Él (versículo 21). Como Él no tiene pecado, nosotros del mismo modo quedamos libres del pecado. Tal vez no siempre apreciemos o nos apropiemos de este hecho, pero no por ello deja de ser cierto. *"En lo que atañe a la ley, esta intervino para que aumentara la transgresión. Pero, allí donde abundó el pecado, sobreabundó la gracia, a fin de que, así como reinó el pecado en la muerte, reine también la gracia que nos trae justificación y vida eterna por medio de Jesucristo nuestro Señor"* (Romanos 5:20–21). Por lo tanto, debido a la redención, el pecado ya no reina en nuestra vida, sino que reina la gracia.

Pensamiento: La redención del hombre le permite tener dominio.

Lectura: 1 Pedro 1:18–21

—Día 18—
AUTORIDAD EN EL NOMBRE DE JESÚS Y SU PALABRA

Si permanecen en mí y mis palabras permanecen en ustedes, pidan lo que quieran, y se les concederá. —Juan 15:7

Nuestra redención también nos ha dado autoridad en el nombre de Jesús y en su Palabra. Jesús afirmó con claridad:

Ciertamente les aseguro que el que cree en mí las obras que yo hago también él las hará, y aun las hará mayores, porque yo vuelvo al Padre. Cualquier cosa que ustedes pidan en mi nombre, yo la haré. (Juan 14:12–14)

La autoridad del nombre de Jesús nos da acceso a nuestro Padre celestial. Nuestro derecho a "[acercarnos] confiadamente al trono de la gracia" (Hebreos 4:16) nos da el deleite de una relación con Dios restaurada. Este aspecto esencial de la oración también nos capacita para ponernos de acuerdo con el Padre y sus propósitos, y para pedirle que cumpla su Palabra supliendo nuestras necesidades y las necesidades de otros.

En aquel día pedirán en mi nombre. Y no digo que voy a rogar por ustedes al Padre, ya que el Padre mismo los ama porque me han amado y han creído que yo he venido de parte de Dios. (Juan 16:26–27)

La presencia de Dios, su poder y sus recursos ilimitados están disponibles para nosotros en el nombre de Jesús; sin embargo, el nombre de Jesús no es una frase mágica que usamos para conseguir lo que queremos. Debemos orar de acuerdo a la voluntad de Dios, la cual encontramos en su Palabra. Jesús dijo en Juan 15:7:

"Si permanecen en mí y mis palabras permanecen en ustedes, pidan lo que quieran, y se les concederá". La columna vertebral de la oración es nuestro acuerdo con la Palabra de Dios, nuestra unidad con Cristo, que es la Palabra viva, y nuestra unidad con los propósitos y la voluntad de Dios.

El poder en la oración no está basado en emociones, sentimientos, o las teorías de hombres sino en la Palabra de Dios, *"que vive y permanece para siempre"* (1 Pedro 1:23, RVC). La Palabra de Dios es la garantía para la oración respondida. Dios te está pidiendo que le lleves su Palabra, que pidas tus derechos del pacto. No tenemos que orar a Dios con ignorancia sino como colaboradores en sus propósitos.

La oración es unir fuerzas con Dios Padre llamando la atención a sus promesas. *"Todas las promesas que ha hecho Dios son «sí» en Cristo. Así que por medio de Cristo respondemos «amén» para la gloria de Dios"* (2 Corintios 1:20). La versión *Reina Valera Contemporánea* lo expresa de este modo: *"Porque todas las promesas de Dios en él son «Sí». Por eso, por medio de él también nosotros decimos «Amén», para la gloria de Dios".*

⌣

Pensamiento: La oración es unir fuerzas con Dios Padre llamando la atención a sus promesas.

Lectura: 2 Pedro 3:9

—Día 19—
JESÚS ES NUESTRO MODELO DE AUTORIDAD

—*Ciertamente les aseguro que el Hijo no puede hacer nada por su propia cuenta, sino solamente lo que ve que su Padre hace.* —Juan 5:19

Jesús no solo es quien reclamó nuestra autoridad de dominio, sino que también es nuestro modelo para cómo vivir en esta autoridad. Él es lo que nosotros debemos ser. Su vida de oración es un ejemplo de la vida de oración que debemos tener.

Tal vez puedes decir: "Sí, pero Jesús era distinto a nosotros cuando caminó por la tierra. Él era divino, y por eso tenía una ventaja sobre nosotros".

Cuando Jesús estuvo en la tierra, ¿estaba en una posición mejor que la nuestra? No. Lo que consiguió en la tierra, lo consiguió en su humanidad, no en su divinidad. De lo contrario, no podría haber sido el Representante y Sustituto del hombre. Como el Hijo de Hombre, Jesús mantuvo una relación estrecha con el Padre a través de la oración. Hacía lo que Dios le dirigía a hacer y lo que veía que Dios hacía para lo que quería lograr en el mundo. Él confiaba en la gracia y en el Espíritu de Dios. Nosotros podemos hacer lo mismo. Jesús dijo:

Mi Padre aún hoy está trabajando, y yo también trabajo… Ciertamente les aseguro que el Hijo no puede hacer nada por su propia cuenta, sino solamente lo que ve que su Padre hace, porque cualquier cosa que hace el Padre, la hace también el Hijo. Pues el Padre ama al Hijo y le muestra todo lo que hace. (Juan 5:17, 19–20)

Dios amaba a Jesús porque era perfectamente obediente y vivía para cumplir los propósitos de Dios. *"Por eso me ama el Padre: porque entrego mi vida para volver a recibirla"* (Juan 10:17). Dios reveló a Jesús lo que estaba haciendo en el mundo, y cómo se relacionaba el ministerio de Jesús con su propósito global. Creo que Dios hará lo mismo por nosotros si vivimos y actuamos en el Espíritu de Cristo.

> *Las palabras que yo les comunico, no las hablo como cosa mía, sino que es el Padre, que está en mí, el que realiza sus obras. Créanme cuando les digo que yo estoy en el Padre y que el Padre está en mí.* (Juan 14:10–11)

Las oraciones de Jesús eran eficaces porque tenía una relación con Dios, conocía sus propósitos, y oraba conforme a la voluntad de Dios, según lo que Dios ya había dicho y prometido hacer. Nosotros tenemos que imitarlo. Más que eso, tenemos que dejar que su Espíritu y su actitud gobiernen en nuestra vida. *"Que haya en ustedes el mismo sentir que hubo en Cristo Jesús"* (Filipenses 2:5, rvc). Tenemos que vivir en el nuevo pacto que Dios nos ha otorgado en Cristo, el cual nos restaura a una unidad con el corazón y la voluntad de Dios: *"Este es el pacto que después de aquel tiempo haré con el pueblo de Israel —afirma el Señor—: Pondré mi ley en su mente, y la escribiré en su corazón. Yo seré su Dios, y ellos serán mi pueblo"* (Jeremías 31:33).

Pensamiento: Las oraciones de Jesús eran eficaces porque tenía una relación con Dios, conocía sus propósitos, y oraba conforme a la voluntad de Dios.

Lectura: Juan 14:10–14

—— DÍA 20 ——
¿ESTÁS DISPUESTO?

¿Quién arriesgará su vida por acercarse a mí?

—Jeremías 30:21

Hace varios días atrás te pedí que consideraras qué es lo que te da el *derecho* de orar. La Palabra de Dios nos dio la respuesta: no es solo tu *llamado inicial en la creación* sino también tu *redención en Cristo* lo que te da este derecho. ¡Esta es una verdad sólida y transformadora! Disipa cualquier duda, temor, incertidumbre y timidez con respecto a tu vida de oración.

Gracias a Cristo, ya no tienes que sentirte aislado de Dios o inseguro de dónde posicionarte con Él y sus propósitos. En lugar de eso, puedes tener una relación de amor con Dios tu Padre, la certeza de tu redención en Cristo, un entendimiento de tu llamado y autoridad en Cristo, y una idea clara del propósito de Dios para tu vida. Dios quiere que vivas confiadamente en la autoridad que Él te ha dado.

¿Quieres que Dios lleve a cabo sus propósitos para tu vida y para nuestro mundo caído? Puedes invitarlo a que lo haga mediante la oración.

Desde Génesis hasta Apocalipsis, Dios siempre encontró a un ser humano para ayudarlo a lograr sus propósitos. Él se acerca a ti ahora y te pregunta: "¿Estás dispuesto? ¿Me ayudarás a cumplir mis propósitos para tu vida y para la tierra? ¿O estás contento con vivir una existencia insatisfactoria y a dejar que las influencias del pecado y de Satanás invadan nuestro mundo? *¿Quién se consagrará para estar cerca de mí?*'". (Ver Jeremías 30:21).

Si estás dispuesto a consagrarte para estar más cerca de Dios, entonces comienza hoy a aplicar la redención de Cristo a tu vida de oración reconociendo que Jesús ha restaurado tu relación con el Padre y tu propósito de dominio.

Recuérdate diariamente que tu redención significa que Satanás y el pecado ya no tienen autoridad sobre ti, que tienes autoridad y acceso al Padre a través del nombre de Jesús, y que tienes autoridad a través de la Palabra de Dios.

Es mi oración que desees estar más cerca de Dios, vivir en unidad con Él y con sus propósitos, y ejercer la autoridad de dominio que Él te ha dado mediante el Espíritu de Cristo. Oremos:

Padre celestial,

Tú has dicho: *"El corazón humano genera muchos proyectos, pero al final prevalecen los designios del Señor"* (Proverbios 19:21). Te pedimos que cumplas tu Palabra y hagas que tu propósito reine en nuestra vida. Todos tenemos planes y metas que estamos persiguiendo. Te pedimos que establezcas lo que venga de ti, todo lo que esté alineado con tu propósito, y hagas que se disipe todo lo que no venga de ti. Te honramos como nuestro Creador y como nuestro Padre celestial amoroso. Afirmamos que eres tú quien produce en nosotros tanto el querer como el hacer según tu buen propósito, como dice en Filipenses 2:13. Renueva nuestra mente para que entendamos tus caminos y tus planes con mayor claridad. Te lo pedimos en el nombre de Jesús, que es nuestro Camino, Verdad y Vida. Amén.

⌇

Pensamiento: El fundamento de la oración es nuestro acuerdo con la Palabra de Dios, nuestra unidad con Cristo, que es la Palabra viva, y nuestra unidad con los propósitos y la voluntad de Dios.

Lectura: Mateo 18:18–19

— DÍA 21 —
¿CÓMO COMENZAMOS A ORAR?

¿Quién puede subir al monte del Señor? ¿Quién puede estar
en su lugar santo? Solo el de manos limpias y corazón puro.
—Salmos 24:3–4

¿Cómo comenzamos a orar? ¿Dónde empezamos? Ya que el corazón de la oración es la comunión con Dios en una unidad de amor y propósito, primero necesitamos aprender cómo entrar en la presencia de Dios con el espíritu, la preparación y el enfoque correctos para así poder tener esa comunión con Él.

"Entrar en la presencia de Dios" es un término que se usa frecuentemente en la iglesia hoy día en referencia a la adoración y la oración. Sin embargo, en nuestro cristianismo del siglo XXI la mayoría de nosotros no entendemos lo que significa realmente este concepto. A menudo no llegamos a entrar en la presencia de Dios porque carecemos de una reverencia genuina por Él. Necesitamos ser sensibles espiritualmente al hecho de que Dios es santo, poderoso, y digno de ser reverenciado.

Una de las ideas teológicas favoritas en muchas iglesias actualmente es que la gracia cancela la ley; sin embargo, debido a que entendemos erróneamente la naturaleza de la gracia, nos tomamos relajadamente nuestra obediencia a Dios. Pecamos, y entonces pedimos perdón apresuradamente de camino a la iglesia o a una reunión de oración. Cuando llegamos a la reunión, pensamos que estamos listos para unirnos con otros creyentes en oración. Tratamos la preciosa sangre de Jesús, que Él entregó para liberarnos, como si fuera una cobertura temporal para nuestras meteduras de pata de modo que podamos volver a pecar. Tristemente, no amamos en verdad a Jesús; lo utilizamos. Entonces nos preguntamos por qué

51

Dios no responde a nuestras oraciones. La verdad es que la gracia supera a la ley en el sentido de que solo la gracia que recibimos en Cristo nos capacita para *cumplir* la ley de Dios.

Jesús nos dijo que el mayor mandamiento de todos es: *"Ama al Señor tu Dios con todo tu corazón, con todo tu ser y con toda tu mente"* (Mateo 22:37). Dios está diciendo a la iglesia, básicamente: "No me obedezcan por las cosas que quieren de mí. Obedézcanme porque me aman. *'Si ustedes me aman, obedecerán mis mandamientos'* (Juan 14:15). Si me aman, no necesitarán castigo y disciplina para hacer lo que yo les pido".

Dios no quiere que lo utilicemos meramente como un seguro para evitar el infierno. Quiere una relación, no una religión. Quiere ser un Padre para nosotros. Quiere tener comunión con nosotros. Comunión significa cercanía e intimidad con nuestro Padre celestial mediante la cual recibimos su amor, expresamos nuestro amor por Él, descubrimos su voluntad y después la hacemos. Es entrar en la mente y el corazón de Dios a fin de llegar a ser uno con Él y con sus propósitos. Jesús oró por nosotros: *"para que todos sean uno. Padre, así como tú estás en mí y yo en ti, permite que ellos también estén en nosotros, para que el mundo crea que tú me has enviado"* (Juan 17:21).

⌇

Pensamiento: Necesitamos ser sensibles espiritualmente al hecho de que Dios es santo, poderoso, y digno de ser reverenciado.

Lectura: 1 Juan 4:7–12

—DÍA 22—

DIOS ES SANTO

Exalten al Señor nuestro Dios; adórenlo en su santo monte:
¡Santo es el Señor nuestro Dios!   —Salmos 99:9

Al continuar nuestra discusión acerca de cómo entrar en la presencia de Dios, debemos hablar además acerca de su santidad. Tal vez no hay ninguna palabra que describa mejor a Dios que la palabra *santo*.

La santidad es fundamental para la oración porque *"sin santidad nadie verá al Señor"* (Hebreos 12:14). Jesús hizo hincapié en esta verdad cuando dijo: *"Dichosos los de corazón limpio, porque ellos verán a Dios"* (Mateo 5:8). No creo que estos versículos se refieran a estar en el cielo después de morir, sino a vivir cada día la vida en la tierra. Se refiere a ver a Dios ahora en el sentido de tener una relación de amor cercana e íntima con Él y entrar en su presencia para así poder conocer su corazón y su mente. Cuando Jesús dijo que los limpios de corazón verán a Dios, estaba enseñándonos la actitud del corazón mediante la cual debemos vivir cada día en esta tierra. Nos estaba diciendo cómo permanecer en unidad con nuestro Padre.

¿Qué significa ser limpio de corazón? *Limpio* significa santo. Por lo tanto, Jesús estaba diciendo efectivamente: "Dichosos los santos de corazón, porque ellos verán a Dios". La palabra *santo* significa "santificado, o apartado", o "fijo". "Dichosos los fijos de corazón, porque ellos verán a Dios". Cuando somos limpios de corazón, nuestra mente está fija en Dios y en sus caminos.

"Pues yo soy el Señor tu Dios. Debes consagrarte [apartarte] y ser santo, porque yo soy santo" (Levítico 11:44, NTV). Dios te está diciendo: "Apártate del mismo modo que yo me aparté; sé santo,

como yo soy santo". Consagrarte significa posicionarte o situarte de tal modo que digas: "No voy a detenerme hasta que consiga lo que estoy persiguiendo".

Además, la santidad siempre tiene que ver con separación de cualquier cosa que nos alejaría del Señor. "*Sé santo porque yo, el Señor, soy santo. Te he separado de las demás naciones para que seas mío*" (Levítico 20:26, NTV). La santidad tiene que ver con fijar tu corazón y tu mente en Dios y no ser influenciado por personas que no están fijas en Él y no creen en su Palabra.

¿Cómo se relaciona la santidad y ver a Dios con la oración? La Escritura dice: "*Estén firmes y vean la salvación que el Señor hará hoy por ustedes*" (Éxodo 14:13, NBLA; ver también 2 Crónicas 20:17). Dios dice, esencialmente: "Si eres santo, entonces me manifestaré a ti. Me verás; verás mi salvación en tu vida". Tu mente está fija con respecto a tu oración; es decir, si estás convencido de que Dios hará lo que te ha prometido, si eres limpio en lo que crees y en lo que haces, entonces verás a Dios manifestarse. En este sentido, *la santidad es la clave* para ser persistente en la oración y para recibir respuestas a la oración. Santidad es estar convencido de que lo que Dios dice y lo que Dios hace es lo mismo.

⌒

Pensamiento: La santidad tiene que ver con fijar tu corazón y tu mente en Dios y no ser influenciado por personas que no están fijas en Él y no creen en su Palabra.

Lectura: Levítico 20:8

─── DÍA 23 ───
SÉ DETERMINADO

*Me buscarán y me encontrarán cuando me busquen de todo
corazón.*   —Jeremías 29:13

¿Qué significa santidad para ti? Para algunas personas, santidad significa cierta presencia mística, nebulosa, extraña y desdibujada; pero la santidad es muy práctica y real. Santidad significa "uno"; no el número uno, sino en el sentido de "completo". Santidad denota el concepto de estar integrado. Integrado viene de la misma palabra que integridad. Dios tiene integridad porque quien es Él, lo que dice y lo que hace son lo mismo. Eso es exactamente lo que significa santidad.

Cuando nos acercamos a Dios en oración, debemos tener la misma integridad entre lo que decimos y hacemos que Él tiene, porque santidad significa decir la verdad y después vivir la verdad. Dios dice: *"Me buscarán y me encontrarán cuando me busquen de todo corazón"* (Jeremías 29:13). No podemos simplemente decir que estamos buscando a Dios; realmente debemos estar buscándolo si queremos encontrarlo. En otras palabras, debemos ser determinados en nuestro deseo de encontrarlo. Debemos decir, como Jacob: *"Dios, no te dejaré hasta que te vea"* (ver Génesis 32:24–30).

¿Es ese el modo en que te acercas a Dios? Si eres determinado y buscas a Dios con todo tu corazón, con toda tu mente y toda tu consciencia, si lo buscas con todo lo que hay en ti, Él promete que lo encontrarás. Porque sabemos que Dios es santo, podemos creer que Él cumplirá lo que ha prometido. Podemos creer que recibiremos lo que le pedimos de acuerdo a su Palabra.

Si eres una persona integrada, entonces lo que dices, lo que crees, lo que haces, y cómo respondes son lo mismo; sin embargo, si le dices a Dios que crees en Él, pero después actúas de modo contrario cuando estás en tu trabajo, cuidando de tus hijos o con tus amigos, no eres una persona integrada, limpia, santa. Eres de doble ánimo, indeciso. Este es un punto crucial para la oración: la indecisión es lo contrario de santidad e integridad. El apóstol Santiago nos advirtió:

> Pero que pida con fe, sin dudar, porque quien duda es como las olas del mar, agitadas y llevadas de un lado a otro por el viento. Quien es así no piense que va a recibir cosa alguna del Señor; es indeciso e inconstante en todo lo que hace.
>
> (Santiago 1:6–8)

Si dudamos de Dios y de su Palabra, estamos siendo personas indecisas. Eso significa que no tenemos integridad: no estamos integrados, no somos santos. De nuevo, como Dios es santo, debemos buscar la santidad si queremos recibir respuestas a nuestras oraciones.

Sé una persona determinada; busca al Señor con todo tu corazón. Él ha prometido que lo encontrarás. *"Acérquense a Dios, y él se acercará a ustedes. ¡Pecadores, límpiense las manos! ¡Ustedes los inconstantes, purifiquen su corazón!"* (Santiago 4:8).

⁓

Pensamiento: Cuando nos acercamos a Dios en oración, debemos tener la misma integridad entre lo que decimos y hacemos que Él tiene, porque santidad significa decir la verdad y después vivir la verdad.

Lectura: Génesis 32:24–30

—DÍA 24—
UN REINO DE SACERDOTES

Ustedes serán para mí un reino de sacerdotes y una nación santa. —Éxodo 19:6

Poco después de que Dios liberó a los israelitas de la esclavitud en Egipto, indicó a Moisés: *"Ustedes serán para mí* **un reino de sacerdotes** *y una nación santa. Comunícales todo esto a los israelitas"* (Éxodo 19:6). ¿Quiénes tenían que ser sacerdotes? Toda la nación de personas, tanto varones como mujeres (niños, adolescentes, jóvenes adultos, adultos de mediana edad, y los ancianos) tenían que ser todos ellos sacerdotes.

Según la perspectiva de Dios, el sacerdocio no es en última instancia para un grupo especial de personas, sino para todos aquellos que pertenecen a Él. Esta promesa corresponde a su plan original para la humanidad de ejercer autoridad de dominio sobre la tierra; por lo tanto, cuando Dios llamó a los hijos de Israel *"un reino de sacerdotes y una nación santa"*, estaba reflejando sus propósitos para la humanidad desde Adán, Abraham y Jacob hasta los hijos de Israel y más allá. El plan de Dios es que la humanidad sea su representante sacerdotal en la tierra.

Sin embargo, aprendemos por la Escritura que los seres humanos fallaron como sacerdotes de Dios; por lo tanto, Dios levantó a un Sacerdote no solo del linaje de Abraham sino también de su propia casa, Aquel que sería fiel: Jesús, la segunda persona de la Trinidad, el Hijo de Dios, nuestro Sumo Sacerdote:

Pero nadie puede tomar este honor [de ser un sacerdote] por cuenta propia, sino sólo el que es llamado por Dios, como en el caso de Aarón. Tampoco Cristo se glorificó a sí mismo haciéndose sumo sacerdote, sino que ese honor se lo dio el que le dijo:

«Tú eres mi Hijo, Yo te he engendrado hoy», y que en otro lugar también dice: «Tú eres sacerdote para siempre, según el orden de Melquisedec». (Hebreos 5:4–6, RVC)

Este Sacerdote no falló. Sirvió a Dios perfectamente. Sabía cómo entrar en la presencia de Dios y representar al hombre ante Dios y a Dios ante el hombre. Al hacerlo, creó una nueva nación de personas que serían sacerdotes de Dios para el mundo. Esta nación se llama la Iglesia. ¿Qué le dijo Dios a la Iglesia? Lo mismo que le dijo a Israel. El apóstol Pedro escribió:

Y ustedes también, como piedras vivas, sean edificados como casa espiritual y sacerdocio santo, para ofrecer sacrificios espirituales que Dios acepte por medio de Jesucristo.
(1 Pedro 2:5, RVC)

Aarón, el primer sumo sacerdote, era un tipo de Cristo, quien se convirtió en nuestro Sumo Sacerdote en la salvación. Aunque el sacerdocio de Aarón finalmente fracasó, él siguió siendo un modelo de la nación espiritual de sacerdotes que servirían a Dios en Cristo. Hay mucho que podemos aprender de las instrucciones de Dios a Aarón que nos ayudará a entender nuestro papel en el Nuevo testamento como *"real sacerdocio"* (1 Pedro 2:9). En el siguiente devocional descubriremos diez pasos que Dios quiere que demos para prepararnos para entrar en su presencia.

Pensamiento: Dios quiere ganar el mundo mediante un sacerdocio de creyentes.

Lectura: 1 Pedro 2:9–10

DIEZ PASOS PARA LA PREPARACIÓN EN ORACIÓN

Pero ustedes son linaje escogido, real sacerdocio, nación santa, pueblo que pertenece a Dios, para que proclamen las obras maravillosas de aquel que los llamó de las tinieblas a su luz admirable.   —1 Pedro 2:9

En Levítico 16 Dios dio instrucciones a Aarón para entrar en su presencia el Día de la Expiación. Este pasaje revela el modo en que Dios quiere que entremos en su presencia actualmente. A continuación, tenemos diez pasos de preparación que nos permitirán tener comunión con Dios, ofrecer una oración eficaz, y ser sus mediadores en nombre del mundo:[5]

1. *Aprópiate de la gracia de Dios.* Reconoce la santidad de Dios, aléjate de tus pecados, y sé limpio mediante la sangre de Cristo. (Ver Levítico 16:3; 1 Juan 1:7–9)

2. *Vístete de la justicia.* Aprópiate de la justicia de Cristo por medio de la fe. Vive en esa justicia, haciendo lo correcto al mantenerte en consonancia con el Espíritu. (Ver Levítico 16:4; Efesios 4:24; 6:14; Gálatas 5:25)

3. *Vístete de verdad y honestidad.* Sé transparente y limpio delante del Señor, deseando la verdad en las partes más profundas de tu ser y viviendo con integridad. (Ver Levítico 16:4; Salmos 51:6; Efesios 6:14)

4. *Límpiate con la Palabra.* Antes de acudir ante Dios, asegúrate de que has *leído* la Palabra, que la Palabra está *en*

---

5. Para una enseñanza más detallada sobre estos diez pasos de preparación, por favor consulta *Entendiendo el propósito y el poder de la oración*, pp. 84–96.

ti, y que estás *obedeciendo* la Palabra. (Ver Levítico 16:4; Salmos 119:9–11)

5. *Adora y alaba a Dios.* Honra y adora a Dios en espíritu y en verdad, reconociéndolo a Él como tu todo. (Ver Levítico 16:12–13; Juan 4:19–24)

6. *Sepárate.* Aléjate de tu entorno, tus actividades y distracciones normales. Encuentra el lugar en Dios donde Él tenga un encuentro contigo acudiendo a Él con el corazón, la actitud y los motivos correctos. (Ver Levítico 16:17; Jeremías 29:13; Mateo 6:5–6)

7. *Cree.* Ten fe en el poder de Dios para hacer lo que ha prometido y en la eficacia del sacrificio de Cristo. (Ver Levítico 16:18–19; Hebreos 9:11–14)

8. *Da la gloria a Dios.* Confiesa que Dios es Aquel que llevó a cabo tu expiación, perdón y reconciliación con Él, y es digno de recibir la alabanza. Da a otras personas de la abundancia que Dios te ha dado. (Ver Levítico 16:25; Isaías 42:8; 48:11)

9. *Lávate en la Palabra.* Pide a Dios que cumpla sus propósitos basado en su voluntad y en las promesas en su Palabra. (Ver Levítico 16:26; 2 Corintios 1:20)

10. *Permanece en la unción.* Permanece en un estado de preparación para la oración. Honra al Señor reflejando su naturaleza y su carácter en tu vida. (Ver Levítico 16:32–34; 1 Juan 2:27)

Dios es un Dios de santidad, y no debemos acercarnos a Él de un modo descuidado. Es importante que aprendamos lo que significa honrar al Señor. Recuerda siempre que Jesucristo ha hecho posible que llevemos a cabo cada uno de estos pasos de preparación para la oración.

Padre celestial,

Gracias por el privilegio de poder entrar con confianza en el lugar donde tú habitas, debido a la expiación que tu Hijo hizo por nosotros. En el nombre de Jesús, amén.

⌒

Pensamiento: Debemos seguir los caminos de Dios si queremos permanecer en su presencia.

Lectura: Levítico 16

—DÍA 26—
¿SEGÚN QUÉ CLASE DE FE VIVES?

Es evidente que por la ley nadie es justificado delante de Dios,
porque «el justo vivirá por la fe». —Gálatas 3:11

Anteriormente, hablamos de que muchos de nosotros batallamos con la oración no respondida. Una razón por la que nuestras oraciones puede que no produzcan resultados es que tenemos la clase de fe equivocada. No dije que nos *falta* fe. Dije que tenemos *la clase de fe equivocada*. Entender las diferentes clases de fe, y cómo opera la fe, son preparaciones clave para la oración.

Cada día vivimos por fe. De hecho, todo el mundo vive por fe; pero hay fe positiva y hay fe negativa. Ambas llegan mediante el mismo medio: por lo que escuchamos y lo que creemos.

Cierto tipo de fe está operando en nuestras vidas, seamos conscientes de ello o no. Si queremos hacer algún tipo de trato con Dios, tenemos que ser capaces de operar en la fe de la que la Biblia habla. *"Sin fe es imposible agradar a Dios"* (Hebreos 11:6). A muchos de nosotros nos enseñaron que es necesaria la fe; sin embargo, por lo general no nos enseñaron cómo obtener la fe que agrada a Dios.

En primer lugar, definamos la fe en términos generales. La palabra *"fe"* en el Nuevo Testamento viene de la palabra griega *pistis*, que sencillamente significa "creencia" o "confianza". Tener fe significa creer y tener confianza en las palabras que escuchamos. Es creer en algo que no se ve como si fuera una realidad ya, y después declararlo y esperar hasta que se manifieste. Todo el mundo vive según esta definición de fe, y las personas generalmente reciben exactamente aquello para lo cual tienen fe. ¿Por qué? Los hombres y las mujeres fueron creados a imagen de Dios para actuar del mismo modo que Él: mediante palabras de fe. *"Porque él [Dios] habló, y todo fue creado; dio una orden, y todo quedó firme"* (Salmos 33:9).

Dios lo creó todo creyendo en la realidad de lo que Él crearía antes de ver su manifestación. *"Por la fe entendemos que el universo fue formado por la palabra de Dios, de modo que lo visible no provino de lo que se ve"* (Hebreos 11:3). Dios no solo declaró palabras para crear cosas, sino que también utiliza palabras para mantener en movimiento el universo. Hebreos 1:3 dice: *"El Hijo es el resplandor de la gloria de Dios, la fiel imagen de lo que él es, y el que sostiene todas las cosas con su palabra poderosa"*. Dios sostiene todas las cosas por el poder de su palabra. Él habló, y el universo cobró vida. Él sigue hablando, y eso mantiene en movimiento el universo.

El principio es el siguiente: *cuando pedimos algo en oración, tenemos que comenzar a declararlo como si ya existiera*. Además, tenemos que *seguir* declarándolo a fin de ver su manifestación. Entonces, cuando llegue, no es suficiente con recibirlo de parte de Dios. Tenemos que ser capaces de retener aquello con lo que Dios nos ha bendecido. ¿Cómo lo retenemos? Al declararlo. Cuando el diablo intente robarlo, hemos de decir: "¡No! La fe me dio esto, la fe lo mantiene, ¡y me pertenece!".

Pensamiento: Los hombres y las mujeres fueron creados a imagen de Dios para actuar del mismo modo que Él: mediante palabras de fe.

Lectura: Hebreos 11:3–6

— DÍA 27 —
CERCA DE TI ESTÁ LA PALABRA DE FE

Pero la justicia que es por la fe dice así…Cerca de ti está la palabra, en tu boca y en tu corazón. Esta es la palabra de fe que predicamos. —Romanos 10:6, 8 (RVR 60)

Romanos 10:8 habla de *"la palabra de fe"*. ¿Dónde está esa palabra? Está *"cerca de ti, en tu boca y en tu corazón"*.

Creo que la palabra *"cerca"* tiene que ver con lo que escuchamos. Cuando enciendes el televisor u otros medios de comunicación, palabras de fe, o sea, palabras que crean el material en bruto para tu creencia, están cerca de ti. El mismo proceso se produce cuando las personas hablan contigo. Eso significa que la persona sentada a tu lado tiene mucha influencia. Lo que esa persona te dice entra en tus oídos. Tus oídos son la puerta hacia tu corazón, y *"de la abundancia del corazón habla la boca"* (Mateo 12:34).

Lo que tú dices es un reflejo de lo que hay en tu corazón, de lo que crees. Como mencionamos en el devocional anterior, probablemente tendrás lo que dices porque Dios te ha dado la misma habilidad que Él posee: expresión creativa mediante tus palabras. Al igual que Dios creó su mundo con sus palabras, así también tú creas tu mundo con tus palabras. Repito que cada palabra refleja cierto tipo de fe. Por lo tanto, *fe es creencia en acción*.

De hecho, la fe es el elemento más importante en la civilización avanzada. ¿A qué me refiero con eso? La fe humana ha dado nacimiento a grandes logros, y lo sigue haciendo. Nada en el mundo tiene más poder que la creencia. Todas las personas en el mundo que han lidiado alguna vez con el desarrollo humano están de acuerdo con esta verdad. ¿Por qué? Porque la creencia crea nuestra vida, y eso es la fe: creer cosas que todavía no has visto hasta el punto de actuar en conformidad hasta que se manifiesten. Mediante la fe es como las personas experimentan crecimiento y éxito personal.

Esta es una verdad crucial que debemos recordar. La fe es creencia activa. Es creencia combinada con expectativa y acción. Una vez más, esto es cierto de la fe positiva y también de la fe negativa. ¿Alguna vez has esperado fracasar y después fracasaste? Eso es fe. Esperas que no te concederán un préstamo, y por lo tanto te convences de ello mientras vas de camino al banco. Te dices a ti mismo todas las razones por las que no podrás conseguirlo; te predicas eso a ti mismo, de modo que dices: "No vale la pena que vaya, pero lo intentaré de todos modos". Cuando no lo consigues, confirmas tu creencia diciendo: "Tal como esperaba".

Pero la oración es la expresión de la dependencia del hombre de Dios para todas las cosas. Dios quiere que hablemos con Él; quiere que oremos de modo que refleje la fe que Él nos da mediante su Palabra, una fe justa, porque tal oración está basada en sus buenos propósitos para nosotros.

～

Pensamiento: Fe es creencia activa. Es creencia combinada con expectativa y acción.

Lectura: Hebreos 11:1–2

—Día 28—
TEN LA CLASE DE FE DE DIOS

De hecho, sin fe es imposible agradar a Dios. Todo el que desee acercarse a Dios debe creer que él existe y que él recompensa a los que lo buscan con sinceridad. —Hebreos 11:6 (NTV)

Una de las ilustraciones más importantes en la Biblia con respecto a la fe y la oración se encuentra en el libro de Marcos:

> *Al día siguiente, cuando salían de Betania, Jesús tuvo hambre. Viendo a lo lejos una higuera que tenía hojas, fue a ver si hallaba algún fruto. Cuando llegó a ella solo encontró hojas, porque no era tiempo de higos. «¡Nadie vuelva jamás a comer fruto de ti!», le dijo a la higuera. Y lo oyeron sus discípulos.*
> (Marcos 11:12–14)

¿Qué hizo Jesús en esta situación? Utilizó palabras. ¿Qué tipo de palabras utilizó? Palabras de fe. Recuerda que fe es creencia activa. Cuando habló al árbol, Jesús creyó activamente que el árbol se secaría.

¿Qué le sucedió al árbol al que Jesús habló? *"Por la mañana, al pasar junto a la higuera, vieron que se había secado de raíz. Pedro, acordándose, le dijo a Jesús: —¡Rabí, mira, se ha secado la higuera que maldijiste!"* (Marcos 11:20–21). La mayoría de las traducciones expresan la respuesta de Jesús como: *"Tengan fe en Dios"* (versículo 22). Sin embargo, ese no es el modo en que fue escrito en el original griego. La traducción literal es: "Tengan la clase de fe de Dios".

Lo que oyes crea fe para lo que estás oyendo. Entonces lo declaras, y te sucede. Por eso Jesús dijo que, si queremos actuar como Él actúa, debemos tener "la clase de fe de Dios":

Les aseguro que, si alguno le dice a este monte: "Quítate de ahí y tírate al mar", creyendo, sin abrigar la menor duda de que lo que dice sucederá, lo obtendrá. Por eso les digo: Crean que ya han recibido todo lo que estén pidiendo en oración, y lo obtendrán. (Marcos 11:23–24)

La Biblia dice: *"La fe proviene del oír"* (Romanos 10:17, RVC). La fe no solo proviene inicialmente del oír; *continúa proviniendo del oír* continuamente. No puedo exagerar demasiado esta verdad. Si escuchas buena enseñanza por una hora y después oyes una conversación negativa por dos horas, tendrás fe para lo negativo. Recuerda que la fe proviene de la palabra que está cerca de ti (ver Romanos 10:8). Por eso, yo tengo cuidado con la compañía con la que estoy. Quiero estar cerca de personas que declaren palabras que produzcan la *fe de Dios*, porque esa es la clase de fe que debemos tener.

Necesitamos ser conscientes de continuo de que hay otras clases de fe a nuestro alrededor además de la clase de fe de Dios. Te aliento a que compruebes las compañías con las que vas; comprueba lo que estás oyendo, y a quién estás escuchando; comprueba los libros que lees, la música que escuchas, las películas y videos que ves, y la iglesia a la que asistes, porque te convertirás en aquello que escuchas, ¡y declararás lo que oyes!

⌒

Pensamiento: La fe no solo proviene inicialmente del oír; *continúa proviniendo* del oír continuamente.

Lectura: Lucas 18:1–8

—Día 29—

LA FE DE DIOS VIENE POR SU PALABRA

Esta es la palabra de fe que predicamos: que, si confiesas con tu boca que Jesús es el Señor y crees en tu corazón que Dios lo levantó de entre los muertos, serás salvo.

—Romanos 10:8–9

Considera las siguientes preguntas: ¿Qué dices cuando estás en medio de problemas? ¿Qué dices cuando hay adversidad? ¿Qué dices cuando las cosas no van del modo en que querías que fueran?

Durante esos tiempos, lo que hayas estado oyendo saldrá de tu boca, porque eso es lo que está en tu corazón. Por eso es muy importante seguir una dieta constante de la Palabra de Dios; tienes que dejar que llegue hasta tu corazón. Alimentará tu corazón de modo que, cuando experimentes problemas, la Palabra es lo que saldrá de tu boca, y crearás lo que dice la Palabra.

Romanos 10:8 nos dice: *"La palabra está cerca de ti; la tienes en la boca y en el corazón"*. En esta ocasión, podríamos definir *"corazón"* como la mente subconsciente. Es donde guardamos todo lo que hemos escuchado. Repito que lo que sale de tu boca crea tu mundo, porque eres semejante a Dios en tu modo de actuar. Cualquier cosa que declares tiene el poder de producirse.

¿Cómo es salva una persona? Confesando con la boca y creyendo en el corazón. Pablo dijo que la palabra que está cerca de ti es *"la palabra de fe que predicamos: que, si confiesas con tu boca que Jesús es el Señor y crees en tu corazón que Dios lo levantó de entre los muertos, serás salvo"* (Romanos 10:8–9). Ser nacido de nuevo es difícil de entender para algunas personas porque creen que tiene que haber un sentimiento conectado con la actividad sobrenatural de Dios. En otras palabras, dicen: "Hice esta oración por salvación, pero no siento nada". Es ahí donde está su error. La Biblia dice que, si una persona quiere ser salva, tiene que creer y declarar, no sentir.

Tienes que entender esta verdad porque es crucial para tu vida y tus oraciones. Tu salvación vino por la confesión de tu boca y la creencia en tu corazón. Cuando confesaste tu fe en el Señor Jesús, Él en realidad, sin ninguna duda, *se convirtió en tu Señor.* A la luz de esta verdad, piensa en lo siguiente: si naces de nuevo por tus palabras, si puedes estar fuera del infierno e ir al cielo por tus palabras, si hay tanto poder en lo que declaras, entonces ¿qué efecto están teniendo en ti el resto de las palabras que dices? Por favor, recuerda que puedes ser afectado *positivamente* o *negativamente* por lo que dices y crees (ver Proverbios 18:21).

¿Cómo se aplica este principio a la oración? Lo que continúas diciendo es lo que recibirás. Si oras por algo y después comienzas a declarar lo contrario, obtendrás lo que digas. Si oras de acuerdo a la Palabra de Dios y sigues firme en la Palabra, tendrás lo que pides y es la voluntad de Dios para tu vida.

⌇

Pensamiento: Una dieta constante de la Palabra de Dios alimentará tu corazón.

Lectura: Salmos 119:105

—DÍA 30—
¡JESÚS ES EL SEÑOR!

Si confiesas con tu boca que Jesús es el Señor y crees en tu corazón que Dios lo levantó de entre los muertos, serás salvo.
—Romanos 10:9

Hoy, regresamos a la declaración *"Jesús es el Señor"* de Romanos 10:9. Ya que conocer a Jesús como Señor es vital para nuestra salvación y tiene implicaciones importantes para la oración, queremos considerar con atención esta proclamación.

La palabra *señor* significa "propietario" o "dueño". Si sustituimos la palabra *Señor* por *dueño* en el pasaje anterior, podemos decir que somos salvos al confesar con nuestra boca: "¡Jesús es mi Dueño! Él posee toda mi vida: su totalidad; cuerpo, mente y espíritu; pasado, presente y futuro. Él es dueño de mi cuerpo; ya no puedo llevar mi cuerpo a cualquier lugar que quiera. Él posee mi mente; ya no puedo poner en mi mente cualquier cosa que quiera. Él posee mi espíritu, y ahí no hay lugar para el diablo. Él es dueño de mi auto; no puedo usarlo para hacer nada negativo o malo. Él posee mi casa; no puedo hacer nada inmoral en ella". En otras palabras, si Jesús es tu Señor verdaderamente, entonces eso se mostrará en tus actitudes y acciones.

Leemos en 1 Corintios: *"Ustedes saben que cuando eran paganos se dejaban arrastrar hacia los ídolos mudos. Por eso les advierto que nadie que esté hablando por el Espíritu de Dios puede maldecir a Jesús; ni nadie puede decir: «Jesús es el Señor» sino por el Espíritu Santo"* (1 Corintios 12:2–3). Somos salvos por confesar: *"Jesús es el Señor"*, y no podemos decir eso a menos que el Espíritu Santo nos capacite para hacerlo. No podemos falsificar esta confesión; decir que Jesús es tu Señor y después hacer lo que tengas ganas de hacer. Si dices que Jesús es tu Señor, pero no estás viviendo como si Él fuera el dueño de tu vida, entonces lo estás insultando.

Probablemente conoces a personas que dicen que son creyentes, que afirman que han aceptado a Cristo como Señor, pero su estilo de vida no ha cambiado. Siguen codiciando, murmurando, mintiendo, robando, bebiendo, consumiendo drogas, o viviendo en adulterio, pero después van a la iglesia y toman la comunión. Dicen que Jesús es su Señor, pero no están viviendo por el Espíritu de Cristo.

Cuando verdaderamente confiesas y crees: "Jesús es mi Señor", todo el cielo pasa a la acción para asegurarse de que recibes el Espíritu Santo porque el cielo reconoce la palabra de fe. Entonces, tras hacer tu confesión, tiene que seguir siendo una realidad en tu vida. Necesitas afirmar continuamente: "Jesús es mi Señor". Dios sabe que declaras en serio tu confesión porque solamente el Espíritu Santo puede confirmarla.

"Porque con el corazón se cree para ser justificado, pero con la boca se confiesa para ser salvo. Así dice la Escritura: «Todo el que confíe en él no será jamás defraudado»" (Romanos 10:10–11). Cuando dices que Jesús es tu Señor, tienes que confiar en que lo es verdaderamente. Si continúas creyendo y diciendo eso, la Biblia dice que no serás defraudado.

En el siguiente devocional hablaremos más sobre cómo se aplica a la oración el mismo principio.

〜

Pensamiento: Si Jesús es verdaderamente tu Señor, entonces se mostrará en tus actitudes y acciones.

Lectura: Filipenses 2:5–11

—Día 31—
PLANTADOS EN LA PALABRA

Como palmeras florecen los justos...; plantados en la casa del
Señor, florecen en los atrios de nuestro Dios.
—Salmos 92:12–13

Quiero conectar aún más el principio de la palabra de fe con nuestro enfoque de la oración. Si le pides a Dios que abra un camino para ti con respecto a una situación en tu trabajo, en una relación, o en una idea de negocio que Él te ha dado, si lo crees, lo confiesas y te aferras a la verdad de Dios concerniente a tu situación, no serás defraudado.

Dios ha prometido que, si vivimos rectamente y nos deleitamos en su Palabra, seremos *"como el árbol plantado a la orilla de un río que, cuando llega su tiempo, da fruto y sus hojas jamás se marchitan"*, y todo cuanto hacemos prospera (Salmos 1:3). Puedes declarar ese versículo para ti mismo. Si dices estas palabras en oración, y después continúas diciéndolas y creyéndolas, Dios promete que no serás avergonzado ni defraudado.

En la Biblia se utiliza el agua como símbolo de la Palabra de Dios. El árbol que se menciona en Salmos 1:3 está *"plantado a la orilla de un río"*. Está sano y da fruto porque está cerca del agua y puede extraer el agua por sus raíces. Del mismo modo, tienes que estar conectado a la Palabra de Dios para que pueda fluir continuamente en tu vida. Entonces darás fruto en su tiempo. Puede que no veas la respuesta a tu oración en el momento, pero llegará el tiempo porque la Palabra está fluyendo en tu vida. Cualquiera que haya estado cuestionando tu confianza en Dios verá tu fruto. Tu tiempo está en camino. Puedes decir: "No he visto ningún resultado todavía, ¡pero hay fruto en el árbol!".

¿Cómo continúas creyendo? Tienes que estar plantado. Plántate en un lugar donde la Palabra prevalezca y las personas que te rodean la estén declarando y viviendo continuamente. Cuanto más tiempo pasas en la Palabra, más transformada es tu mente. Comienzas a pensar de modo diferente. Cuando constantemente estás cerca de algo, cuando no dejas de oírlo, se convierte en una parte de tu corazón. Comienzas a creerlo, y esa creencia se refleja en lo que dices; entonces comienza a llegar el fruto.

Algunas de las cosas por las que estás orando en este momento no se han manifestado porque todavía no es su tiempo; por lo tanto, entre la semilla de oración y la manifestación del fruto tienes que mantenerte al lado del río, leyendo, meditando, declarando, viviendo y respirando la Palabra. ¡Plántate!

Cuando confías en Dios y crees lo que Él te ha prometido, Dios dice que al final te reivindicará. Él te hará ser tal bendición, que las personas sacudirán la cabeza y dirán: "Háblame sobre tu Dios". ¡Entonces podrás transmitir a otros el poder de la palabra de fe!

⁓

Pensamiento: Tienes que estar conectado a la Palabra de Dios para que pueda fluir continuamente en tu vida.

Lectura: Salmos 1

—Día 32—
LA FE ES NUESTRA GARANTÍA

Ahora bien, la fe es la garantía de lo que se espera, la certeza de lo que no se ve.   —Hebreos 11:1

La fe es nuestra garantía de lo que Dios ha prometido. Una garantía es la evidencia o prueba de la propiedad legal de una persona; por lo tanto, la fe es la prueba de que posees aquello por lo que estás orando.

Sin embargo, debes asegurarte de estar ejercitando la clase de fe de Dios. Jesús dijo: *"Si permanecen en mí y mis palabras permanecen en ustedes, pidan lo que quieran, y se les concederá"* (Juan 15:7). En efecto, estaba diciendo: "Dime lo que yo te digo". La clase de fe de Dios pone su plena confianza en la Palabra de Dios.

En Mateo 16, cuando Jesús explicó a sus discípulos que Él tendría que sufrir y morir, pero resucitaría al tercer día, Pedro comenzó a reprenderlo, diciendo que no le sucediera nunca eso (ver versículos 21–22). ¿Cuál fue la respuesta de Jesús? Reprendió inmediatamente a Pedro, diciendo: *"¡Aléjate de mí, Satanás! Quieres hacerme tropezar; no piensas en las cosas de Dios, sino en las de los hombres"* (Mateo 16:23).

Jesús oyó a Pedro decir algo que contradecía la voluntad de Dios; por lo tanto, le dijo a Pedro esencialmente: "Tus palabras son contrarias a las mías. ¡Estás siendo una tentación para mí!". Pedro estaba declarando algo que no provenía de Dios; estaba hablando el idioma erróneo. Es interesante observar que Pedro se refirió más adelante a Satanás como el *"adversario"* (1 Pedro 5:8, RVR 60). La palabra griega para *"adversario"* significa "oponente". Satanás es quien declara lo opuesto a la Palabra de Dios. Debemos tener cuidado de no hablar el idioma erróneo al orar por algo que es opuesto a la Palabra de Dios. También hemos de cuidarnos de no escuchar a personas que nos digan lo que es contrario a la Palabra o por qué no puede hacerse algo, cuando Dios ha dicho que sí se puede. La meta de Satanás es alimentarte con palabras que son contrarias a las palabras de Dios, produciendo así fe para destrucción y muerte.

Sigue creyendo y hablando sobre la bondad de Dios y las imposibilidades que Dios puede hacer que se produzcan. La Biblia dice que Dios cumple su Palabra y *"llama las cosas que no son como si ya existieran"* (Romanos 4:17). Afirma en tu corazón: "Este es el inicio de un nuevo estilo de vida de fe para mí: la clase de fe de Dios". ¡Toda oración debe ser la oración de fe!

Oremos juntos:

Padre celestial,

La Biblia dice: *«La palabra está cerca de ti; la tienes en la boca y en el corazón». Esta es la palabra de fe"* (Romanos 10:8). Oramos para que pongamos nuestra confianza en ti y en tu Palabra en lugar de ponerla en las palabras de fe que nos rodean y son contrarias a tu verdad. Perdónanos por pasar más tiempo pensando en nuestros propios planes, ideas, escenarios, análisis y estrategias que poniendo tu Palabra en nuestro corazón y viviendo conforme a ella. Abre a nuestros ojos las verdades de tu Palabra, y que confiemos solamente en ti. Te lo pedimos en el nombre de Jesús, que es la Palabra viva. Amén.

Pensamiento: La Palabra de Dios tiene que ser la fuente que escuchamos para nuestra fe.

Lectura: 1 Pedro 1:8–9

UN ESTILO DE VIDA DE ORACIÓN

Por aquel tiempo se fue Jesús a la montaña a orar, y pasó toda la noche en oración a Dios.   —Lucas 6:12

El secreto del éxito de Jesús en el ministerio era un estilo de vida de oración.

De todas las cosas que los discípulos de Jesús lo observaron decir y hacer, la Biblia registra solo una cosa que le pidieron que les enseñara, y era cómo orar (ver Lucas 11:1). Yo creo que se debió a que veían a Jesús orar más que ninguna otra cosa. Los discípulos vivían con Jesús; iban donde Él iba y lo observaron por tres años y medio. Basándonos en las Escrituras, podemos deducir que Cristo oraba aproximadamente de cuatro a cinco horas cada mañana, y también oraba en otros momentos.

La Escritura dice: *"Muy de madrugada, cuando todavía estaba oscuro, Jesús se levantó, salió de la casa y se fue a un lugar solitario, donde se puso a orar"* (Marcos 1:35). Mientras los discípulos estaban durmiendo, Jesús estaba orando. Entonces los discípulos se levantaron y preguntaron: *"¿Dónde está el Maestro?"*. Cuando al final lo encontraron, Él estaba orando. Veían eso cada mañana. Jesús pasaba cinco horas con su Padre. Entonces les decía: "Vamos a Jerusalén", o a otro lugar, donde pasaba minutos o incluso segundos sanando a personas o echando fuera demonios.

Observemos el tiempo: Él pasaba cinco horas haciendo una cosa y unos minutos o segundos haciendo la otra. Él actuaba de ese modo continuamente. La Iglesia actualmente no ha entendido todavía esta verdad. Pasamos unos minutos con Dios, y después intentamos llevar a cabo muchas horas de trabajo en su nombre.

Martín Lutero comenzó la Reforma que creó el movimiento protestante y cambió el rumbo del mundo. Dijo algo parecido a lo siguiente: "Cuando tengo mucho que hacer en un día, paso más tiempo en oración, porque se hace más trabajo en oración que realizando el trabajo en sí". Tenía razón. Si estoy demasiado ocupado para orar, entonces estoy demasiado ocupado. Si tú estás demasiado ocupado para orar, entonces estás demasiado ocupado.

Nunca podemos estar realmente demasiado ocupados para orar porque la oración hace que nuestras vidas estén mucho más enfocadas y sean más eficaces y pacíficas. Aprender este principio ha sido esencial en mi vida. Cuando he tenido muchas cosas en mi corazón y mi mente, mucha confusión en mi vida, o circunstancias abrumadoras que enfrentar, no intento abordar esos problemas yo solo. Acudo a Dios en oración, y Él me da la sabiduría y la dirección que necesito para abordarlos.

Jesús era sucinto en su conocimiento de lo que era importante porque pasaba tiempo con el Padre en oración. Nosotros hacemos muchas cosas en nuestros días que Dios no planeó que hiciéramos. Una hora con Él podría llevar a cabo diez horas de trabajo, porque ya no estaríamos lidiando con la prueba y el error. Dios nos diría lo que es realmente importante, comparado con lo que parece urgente. Dios nos daría sabiduría sobrenatural para abordar nuestras situaciones.

La oración te dará discernimiento que de otro modo no tendrías. Te capacitará para pensar con claridad y sabiduría.

⌒

Pensamiento: Horas con Dios hacen que minutos con los hombres sean eficaces.

Lectura: Lucas 6:12–19

—— Día 34 ——

INTIMIDAD CON EL PADRE

Mi Padre aún hoy está trabajando, y yo también trabajo.
—Juan 5:17

En Juan 5:1–9 leemos que Jesús hizo un gran milagro en un estanque en Betesda. Sanó a un hombre que había estado enfermo por treinta y ocho años; y lo hizo en el día de reposo. ¿Cómo reaccionó la gente a esta sanidad? Algunos quedaron profundamente impresionados; otros se enojaron, y otros querían respuestas. Jesús les explicó algo que muchos de nosotros todavía seguimos intentando entender. Cuando descubrí la profunda verdad que Jesús estaba enseñando aquí, cambió toda mi vida, incluida mi perspectiva de mí mismo y de mi relación con el Padre.

El relato continúa: *"Precisamente por esto los judíos perseguían a Jesús, pues hacía tales cosas en sábado. Pero Jesús les respondía: —Mi Padre aún hoy está trabajando, y yo también trabajo"* (versículos 16–17).

En efecto, Cristo estaba diciendo a quienes cuestionaban su sanidad: "Pasé tiempo con mi Padre esta mañana, y ya tuve organizado todo mi día porque tuve comunión con Aquel que hizo los días. Mi Padre ya ha sanado a las personas que estoy tocando. Su sanidad es el resultado de mi conocimiento de lo que mi Padre hace. Yo tan solo lo manifiesto. Mi Padre trabaja; por lo tanto, yo también trabajo". En esencia, lo que nosotros hacemos debería ser una manifestación de lo que Dios el Padre ha hecho ya.

¡Qué modo de vivir! "Esta mañana, en oración, vi sanado a este hombre enfermo; por lo tanto, esta tarde he venido a sanarlo". ¿Por qué? "Mi Padre ya lo ha limpiado. Yo he venido para manifestarlo".

Leamos el versículo siguiente en el relato: *"Así que los judíos redoblaban sus esfuerzos para matarlo, pues no solo quebrantaba el sábado, sino que incluso llamaba a Dios su propio Padre, con lo que él mismo se hacía igual a Dios"* (Juan 5:18). En otras palabras, Jesús estaba diciendo que Dios era su Fuente personal e íntima, y sus detractores no podían aceptar eso.

Jesús les explicó cómo actuaba su intimidad con el Padre. *"Ciertamente les aseguro que el Hijo no puede hacer nada por su propia cuenta, sino solamente lo que ve que su Padre hace, porque cualquier cosa que hace el Padre, la hace también el Hijo. Pues el Padre ama al Hijo y le muestra todo lo que hace"* (versículos 19–20). Repito que pasamos la mayor parte de nuestro tiempo durante el día intentando descubrir qué quiere Dios que hagamos, y desperdiciamos todo el día. Cristo nos dice: "Yo acudo al Padre primero; veo lo que Él ha hecho ya, y lo hago". Este es el patrón que Él quiere que sigamos.

Muchos cristianos piensan que la cantidad de tiempo que oramos no es importante. Entonces, ¿por qué Jesús pasaba horas en oración? Es porque Él tenía una relación genuina con su Padre, y cualquier relación requiere tiempo para construirla y mantenerla. ¿Querrás pasar tiempo con el Padre en oración para desarrollar una relación más profunda con Él?

Pensamiento: A menudo descubrimos que, cuando pasamos tiempo en oración, Dios comienza a *usarnos* para cambiar las circunstancias que nos rodean.

Lectura: Juan 5:1–14

—Día 35—
MANIFESTAR LOS PENSAMIENTOS DE DIOS

Porque no he descendido del cielo para hacer mi voluntad, sino la voluntad del que me envió. —Juan 6:38 (RVC)

La oración es entrar en una unión con la mente de Dios. Dios mostraba a Jesús todo lo que estaba pensando, y le decía a su Hijo: "Ve y manifiesta eso por mí".

No hay nada más íntimo que nuestros pensamientos. Las palabras son una extensión de nuestros pensamientos, pero nosotros *somos* nuestros pensamientos. Proverbios 23:7 dice: "*Porque cual es su pensamiento en su corazón, tal es él*" (RVR 60). Dios no desea hablarte sino "pensarte". A eso se refería Jesús cuando dijo: "Yo hago lo que veo hacer a mi Padre" (ver Juan 5:19). El texto da a entender: "Yo hago lo que veo mentalmente que mi Padre piensa".

Un pensamiento es una palabra silenciosa, y una palabra es un pensamiento manifestado. Jesús estaba diciendo: "Cuando acudo delante de Dios en oración y paso tiempo con Él, Él me da sus pensamientos". Por lo tanto, cuando preguntaron a Jesús por qué sanó al hombre enfermo en el estanque (ver Juan 5:1–9), Él dijo, en efecto: "Vi ese pensamiento esta mañana. Yo soy la Palabra, y manifiesto los pensamientos de Dios. Tengo que sanar a este hombre porque eso es lo que vi".

Cada vez que Jesús hablaba sobre su trabajo, no dejaba de mencionar el amor de su Padre. En esencia, Jesús estaba indicando: "Mi Padre me ama tanto, que no solo me habla; Él tiene comunión conmigo. Me ama tanto, que habla a mi espíritu y mi mente. La razón por la que paso tiempo con Él en la mañana es para descubrir lo que Él está pensando, lo que hay en su mente".

El noventa y nueve por ciento del tiempo, Dios hablará a tu mente mediante tu espíritu. Muchas personas están esperando tener una experiencia parecida a la de la zarza ardiente, o que aparezca un ángel. No oyen de parte de Dios porque esperan del modo equivocado. Por lo general, Dios no habla verbalmente. Eso no es intimidad suficiente. Él habla directamente a nuestro espíritu.

Jesús era naturalmente sobrenatural. Podía acercarse a un hombre y decir: "¿Por cuánto tiempo has estado enfermo?". "Treinta y ocho años". "Bien. Toma tu cama y anda". Todos quedaban fascinados al ver trabajar a este Hombre. Él caminaba por la calle, se encontró con una mujer que estaba encorvada, y le dijo: "Enderézate", y ella se enderezó. Caminó un poco más y le dijo a alguien: "¿Eres ciego?". "Sí". Tocó los ojos de esa persona, y recobró la vista. Los religiosos dijeron: "Un momento. Se supone que debías decir: 'Atrás todos. Me estoy preparando para hacer un milagro'". Las personas religiosas pasan mucho tiempo preparándose cuando intentan hacer milagros. Cristo tan solo caminaba, hablaba, tocaba, y sucedían cosas. Las personas se enojaban con Jesús porque creían que no era lo bastante espiritual. Él era espiritual mucho antes de que ellos lo supieran. Recuerda que Él era espiritual durante cinco horas para poder ser natural durante un minuto.

⌣⌒

Pensamiento: Las palabras son una extensión de nuestros pensamientos, pero nosotros *somos* nuestros pensamientos.

Lectura: Juan 6:36–39

—DÍA 36—

ESCUCHAR DE DIOS

El que es de Dios escucha lo que Dios dice.   —Juan 8:47

Cuando tienes que tomar una decisión importante, como aceptar cierto empleo, comenzar un negocio, estudiar en la universidad, o casarte, pasa tiempo con Dios. Él hará que te resulte fácil; te ayuda a evitar cometer errores y hacer las cosas dos veces. Jesús quiere que actuemos del modo en que Él actuaba: mucho tiempo en comunión y amor con el Padre, y muchos logros para el reino. Jesús oró concretamente para que siguiéramos su ejemplo en esta ocasión:

> *Te pido que todos sean uno, así como tú y yo somos uno, es decir, como tú estás en mí, Padre, y yo estoy en ti. Y que ellos estén en nosotros, para que el mundo crea que tú me enviaste. Les he dado la gloria que tú me diste, para que sean uno, como nosotros somos uno.*   (Juan 17:21–22)

El Padre te ama, y quiere tener la misma comunión, o "común-unión" contigo que tenía con Jesús. Tu vida de oración puede hacer que seas tan cercano e íntimo con Dios que caminarás y manifestarás de modo natural las obras (o pensamientos) de Dios, igual que hacía Jesús.

Los detractores de Jesús decían: "¿Por qué llamas Padre a Dios? ¿Por qué dices que Él te habla? Eso es blasfemia. No puedes estar tan cerca de Dios" (ver Juan 5:16–18). Déjame decirte que Dios nunca se me ha aparecido, pero escucho de Él todo el tiempo. He oído la voz de Dios audiblemente solo unas pocas veces en toda mi vida. El resto de su comunicación conmigo ha sido a través de pensamientos, ideas, impresiones, sugerencias en mi corazón, sensación y discernimiento. Todo ello era Dios que hablaba. La referencia continua de Jesús a "el Padre" es fundamental, porque la palabra *Padre* es la palabra hebrea *Abba*, que significa "fuente y sustentador".

¿Qué buscas de Dios cuando oras? ¿Quieres que llegue un profeta desde un país lejano para dar un mensaje de Dios? Cuando amas a alguien, no quieres recibir solamente una carta; quieres estar cerca de esa persona. Quieres tener cercanía con esa persona. La relación de Jesús con el Padre era tan íntima, que la mayoría de las personas no entendían cómo hablaba con tanta sabiduría y hacía tales milagros. Imagino que las personas estaban tan impresionadas, que decían para sí: "Debe estar haciendo algo que nosotros no sabemos".

Los discípulos conocían el secreto de Jesús porque observaban su estilo de vida de oración. Por eso dijeron: "Señor, no nos enseñes a hacer milagros; enséñanos a orar". Si aprendemos lo que ellos aprendieron, haremos las cosas que Jesús hacía.

Pensamiento: El Padre te ama, y quiere tener la misma comunión, o "común-unión" contigo que tenía con Jesús.

Lectura: Isaías 30:21

——DÍA 37——
LA ORACIÓN DEBE APRENDERSE

Un día estaba Jesús orando en cierto lugar. Cuando terminó, le dijo uno de sus discípulos: Señor, enséñanos a orar, así como Juan enseñó a sus discípulos.   **—Lucas 11:1**

El versículo anterior dice, en primer lugar: *"Un día estaba Jesús orando"*. Los discípulos estaban presentes, pero no participaban. Solamente Jesús estaba orando. ¿Qué hacían ellos? Lo estaban observando.

Siempre que la Biblia menciona a Jesús orando, dice cosas específicas acerca de sus actos. Veamos algunos ejemplos:

Después de despedir a la gente, subió a las colinas para orar a solas. Mientras estaba allí solo, cayó la noche.

                                         (Mateo 14:23)

Cierto día, poco tiempo después, Jesús subió a un monte a orar y oró a Dios toda la noche.   (Lucas 6:12)

A la mañana siguiente, antes del amanecer, Jesús se levantó y fue a un lugar aislado para orar.   (Marcos 1:35)

Cristo nunca parecía orar con los discípulos. Yo creo que eso era intencional por su parte. Él quería que le preguntaran acerca del aspecto más importante de su ministerio, y también creo que Él oraba a solas para enseñarnos que la oración es una relación y una responsabilidad personales y privadas. La oración colectiva nunca debería ser un sustituto del tiempo de oración personal y privado con el Padre.

En segundo lugar, Lucas 11:1 nos dice que uno de los discípulos dijo: *"Señor, enséñanos a orar"*. Esta petición da a entender que los discípulos no pensaban que la oración fuera algo que podían hacer sin la enseñanza de Jesús. Como hombres judíos jóvenes, los discípulos se habían criado en la sinagoga y el templo, donde les habían enseñado a orar. Una parte de su ritual diario era orar en la sinagoga, de modo que siempre estaban leyendo oraciones y repitiendo oraciones. Sin embargo, las oraciones de Jesús eran diferentes a las que ellos estaban acostumbrados. Veían que había algo distinto y único en ellas. Ellos oraban, pero Él *oraba*. Ellos hacían cosas, pero Él *obtenía resultados*.

En tercer lugar, este pasaje dice que Jesús comenzó a enseñar a orar a sus discípulos. Comenzó diciendo: "Cuando oren..." (ver Lucas 11:2). Eso significa que Jesús estaba de acuerdo en que los discípulos necesitaban aprender a orar. Él confirmó que la oración no es automática, sino más bien una función que hay que aprender. Un nuevo creyente puede decir: "Bueno, yo nunca he orado en mi vida. No sé orar". A menudo les dicen: "Tan solo habla con Dios y dile cómo te sientes". Eso suena bien, pero no es lo que Jesús enseñó a sus discípulos.

La oración no es tan solo "hablar con Dios". Yo solía enseñar eso, y también solía hacerlo, ¡pero no ocurría nada! Tuve que aprender lo que Jesús enseñó a sus discípulos antes de poder llegar a ser eficaz en la oración. Hay un modo en que debemos orar, y tenemos que aprenderlo. En los siguientes devocionales exploraremos lo que Jesús enseñó a sus discípulos acerca de la oración.

⌒

Pensamiento: La oración es una relación y una responsabilidad personales y privadas.

Lectura: Mateo 6:5–15

UN PATRÓN PARA LA ORACIÓN

Y les dijo [Jesús]: *Cuando oréis, decid: Padre nuestro que estás en los cielos…*   —Lucas 11:2 (RVR 60)

Es muy importante que entendamos que, independientemente del nombre que se le haya dado, lo que Jesús enseñó a sus discípulos acerca de la oración no es en realidad "el Padre Nuestro". Es un *modelo* para la oración. En otras palabras, no tenemos que repetir exactamente las palabras de esta oración; en cambio, deberíamos usarlas como un patrón.

Como hemos visto, la oración es acercarse a Dios para pedirle que haga su voluntad en la tierra. Cristo enseñó a sus discípulos cómo llevar a cabo este propósito y, al hacerlo, les dio este modelo a seguir:

Padre nuestro que estás en los cielos, santificado sea tu nombre. Venga tu reino. Hágase tu voluntad, como en el cielo, así también en la tierra. El pan nuestro de cada día, dánoslo hoy. Y perdónanos nuestros pecados, porque también nosotros perdonamos a todos los que nos deben. Y no nos metas en tentación, mas líbranos del mal.   (Lucas 11:2–4, RVR 60)

"*Padre* **nuestro**". Lo primero que aprendemos es que nunca acudimos solos a la oración. Cuando nos acercamos a Dios, debemos llevar con nosotros las preocupaciones de otras personas. La mayoría de nosotros vamos a la oración con nuestra propia lista de la compra: nuestras listas financieras, nuestras listas profesionales, y muchas otras cosas. Decimos: "Oh Señor, por favor, haz todo esto por mí". Hay egoísmo en esa oración si no oramos también por otros. Dios preguntará: "¿Dónde están los demás? ¿Dónde están tu amor e interés por las necesidades colectivas de la humanidad? Yo me intereso por todos los hombres y las mujeres". Por lo tanto, debemos iniciar la oración pensando en otros al igual que en nosotros mismos. La primera frase del modelo excluye la mayoría de nuestras oraciones, ¿no es cierto?

"Padre nuestro". En segundo lugar, nos dirigimos a Dios como "Padre". Identificamos quién es Él. Como vimos anteriormente, una definición de la palabra *padre* es "fuente". Debemos acercarnos a Dios con la consciencia y la confesión de que Él es nuestra Fuente que puede proveer para las necesidades de todos. Cualquiera que sea el problema, el Padre tiene la respuesta. Él es *"Abba"* (Marcos 14:36), la Fuente.

*"Padre nuestro que estás **en los cielos**"*. Después, Jesús está diciendo: "Cuando ores, recuerda que no estás orando a alguien en la tierra". ¿Por qué es importante eso? Porque la tierra es donde está el problema, y necesitas ayuda externa. Dios está en los cielos, y tú estás en la tierra para cumplir sus planes para el mundo. Además, si el Padre no está en la tierra, necesitamos un intermediario. Tenemos que depender de Jesús y del Espíritu Santo para que sean nuestros intermediarios ante Dios (ver, por ejemplo, Romanos 8:26–27, 34). Por lo tanto, cuando dices "Padre nuestro que estás en los cielos" estás expresando a Dios: "Reconozco que necesito ayuda desde fuera de mi ámbito". En realidad, es una confesión de sumisión. "Tú eres mayor que todos nosotros, Señor. Necesitamos tu ayuda".

⌒

Pensamiento: Necesitamos ayuda desde fuera de nuestro ámbito terrenal, necesitamos la ayuda de Dios, y dependemos de Jesús y del Espíritu como nuestros intermediarios ante Dios.

Lectura: Salmos 121:1–2

—DÍA 39—
SANTIFICADO SEA TU NOMBRE

Santificado sea tu nombre. Venga tu reino. Hágase tu voluntad, como en el cielo, así también en la tierra.

—Lucas 11:2 (RVR 60)

El patrón de Jesús para la oración continúa: *"santificado sea tu nombre".*

La palabra *santificado* significa reverenciado, apartado. Eso indica que debemos comenzar nuestras oraciones adorando al Padre como el Santo. Cuando ores, debes hacer santo el nombre de Dios honrando todos los atributos de su santidad, como su amor, fidelidad, integridad, y gracia. Tú adoras. Exaltas. Magnificas. Deificas. Glorificas. Después de orar, sigues honrando a Dios en tu vida y en todas tus relaciones con otras personas.

¿Cuántas veces has dicho: "No entiendo cómo las personas pueden orar por largos periodos de tiempo? Yo me quedo sin palabras enseguida; ¿me quedo sin cosas por las que orar"? Si tu respuesta es: "Muchas veces", se debe a que no has aprendido a orar. La oración no es darle a Dios una larga lista de peticiones. Jesús dice, en esencia: "Comienza reconociendo que el Padre es tu todo, y adóralo". Nunca nos quedaremos sin cosas por las cuales adorar y alabar a Dios.

"Venga tu reino. Hágase tu voluntad, como en el cielo, así también en la tierra". Esta afirmación significa sencillamente que una persona de oración no tiene interés en su propio reino, pues su interés está en el reino de Dios y en lo que Él quiere que se logre. Siempre deberíamos pedir el cumplimiento de la lista de oración de Dios antes que la nuestra. ¡Qué contrario al modo en que normalmente hacemos las cosas!

Debemos preguntar: "Padre, ¿qué quieres que se haga? ¿Qué quieres que suceda en la tierra?". Dios se deleita cuando tú te emocionas por las cosas que a Él le emocionan. Él te bendecirá en el curso de llevar a cabo su obra en la tierra. No tienes que preocuparte por tener cubiertas tus necesidades si comienzas a orar para que se haga la voluntad de Dios en la tierra en las vidas de otras personas. A Dios le agrada cuando le presentas las peticiones de otras personas y le pides que supla sus necesidades.

Repito que por eso debemos orar: "*Padre nuestro*". Cuando ores por otras personas, Dios te bendecirá porque ve que has alineado tu voluntad con su voluntad, que te estás acercando a otros con amor y compasión. Él responderá a tus propias peticiones porque le estás obedeciendo. Él dirá, en efecto: "Me gusta esta persona. No es egoísta. Voy a asegurarme de que sus propias necesidades sean satisfechas".

Santiago 5:16 hace hincapié en esta verdad: "*Oren unos por otros, para que sean sanados*". Esta afirmación significa que, cuando ministras a otra persona, Dios ministra a lo que tú necesitas. ¿No es eso propio de Dios? "*Den, y se les dará*" (Lucas 6:38). Por lo tanto, si tienes problemas, encuentra a otra persona que tenga problemas y comienza a ayudar a resolverlos. Si necesitas que alguien ore por ti, comienza a orar por otra persona. Si necesitas ayuda financiera, da a alguien que tenga menos que tú. Jesús nos dice: "Piensa primero en el reino de Dios".

Pensamiento: Cuando ores por otras personas, Dios te bendecirá porque ve que has alineado tu voluntad con su voluntad, que te estás acercando a otros con amor y compasión.

Lectura: Gálatas 6:2

— Día 40 —
EL PAN NUESTRO DE CADA DÍA, DÁNOSLO HOY

El pan nuestro de cada día, dánoslo hoy.

—Lucas 11:3 (RVR 60)

Con la afirmación anterior de su modelo de oración, Jesús está diciendo: "Mientras estás en la presencia de Dios y le pides que sea fiel en hacer su voluntad en la tierra, incluye esta petición". Debemos orar: *"El pan nuestro de cada día, dánoslo hoy"*. El plural que se usa en esta afirmación está unido al "nuestro" en "Padre nuestro". Si le dices a Dios que te acercas a Él con los problemas de otras personas, entonces, cuando pidas el pan, tienes que pedir pan para todos. Normalmente decimos: "Señor, provee para mí". No estamos pensando en ninguna otra persona; sin embargo, Dios nos dice una vez más: "Pide por otro al igual que por ti mismo. Ora por otros".

En tiempos de Jesús, el término "el pan nuestro de cada día" era una frase cultural que se refería a todo lo necesario para hacer el pan; por lo tanto, cuando dices: *"El pan nuestro de cada día, dánoslo hoy"*, estás orando no solo por comida sino también por todo el proceso que es necesario para hacer posible que haya comida. Por ejemplo, para hacer pan se necesita luz del sol, lluvia, semilla, nitrógeno, oxígeno, tierra, nutrientes, minerales, tiempo, crecimiento, cosecha, molido, ingredientes para añadir al grano, mezcla, amasar y hornear. Incluidos en esos elementos y pasos están fortaleza para que el granjero pueda sembrar y cosechar el grano, y fortaleza para el que mezcla y amasa el pan. Jesús está hablando de todo eso; en otras palabras, estás orando por cuerpos sanos y un entorno sano en el cual pueda crecer el alimento.

"*El pan nuestro de cada día, dánoslo hoy*" es una afirmación llena de significado. Nos enseña a orar: "Gracias, Señor, por mantener libre de contaminación el aire en nuestro país. Gracias por hacer que seamos personas sabias que mantienen limpias las playas. Gracias por preservar el terreno de contaminación por petróleo. Gracias por mantener todos los nutrientes en nuestra rica tierra, sin productos químicos que la dañen". Necesitamos orar de ese modo. No somos lo bastante específicos. Damos por sentadas demasiadas cosas y no pedimos a Dios que proteja y bendiga lo que necesitamos para cada día, no solo para nosotros mismos sino también para otros.

> *Los ojos de todos se posan en ti, y a su tiempo les das su ali-*
> *mento. Abres la mano y sacias con tus favores a todo ser*
> *viviente.* (Salmos 145:15–16)

～

Pensamiento: Debemos pedir a Dios qua supla las necesidades diarias de otros al igual que las nuestras.

Lectura: Mateo 6:25–33

—Día 41—
PERDÓNANOS NUESTROS PECADOS, PORQUE TAMBIÉN NOSOTROS PERDONAMOS

Y perdónanos nuestros pecados, porque también nosotros perdonamos a todos los que nos deben. —Lucas 11:4 (RVR 60)

Jesús habla ahora de perdón y de relaciones. Dice: "Tu oración tiene que tomar en consideración a aquellos con los que tienes una relación". Cuando acudes delante de Dios, comprueba si alguien tiene algo contra ti o si tú tienes algo contra alguien. No acudas a la presencia de Dios y esperes que tus oraciones sean respondidas si le pides a Dios que te perdone, pero te niegas a perdonar a otros.

El Evangelio de Mateo incluye esta afirmación aleccionadora después de la enseñanza de Jesús sobre la oración: "*Porque, si perdonan a otros sus ofensas, también los perdonará a ustedes su Padre celestial. Pero, si no perdonan a otros sus ofensas, tampoco su Padre les perdonará a ustedes las suyas*" (Mateo 6:14–15). Y, si Dios no te perdona, no responderá a tu oración.

Con frecuencia pasamos por alto la importancia de nuestras relaciones, y cómo esas relaciones afectan nuestras oraciones; sin embargo, por lo que respecta a Cristo, tener buenas relaciones es una de las claves para la oración contestada:

Por lo tanto, si estás presentando tu ofrenda en el altar y allí recuerdas que tu hermano tiene algo contra ti, deja tu ofrenda allí delante del altar. Ve primero y reconcíliate con tu hermano; luego vuelve y presenta tu ofrenda. (Mateo 5:23–24)

No podemos hacer nada ante un altar santo cuando tenemos un corazón amargado. Debemos perdonar libremente. "*Pedro se* acercó a Jesús y le preguntó: —Señor, ¿cuántas veces tengo que perdonar a mi hermano que peca contra mí? ¿Hasta siete veces? —No te digo que, hasta siete veces, sino hasta setenta y siete veces —le contestó Jesús" (Mateo 18:21–22, rvc).

Cuando ores y ayunes, Dios te revelará todas las heridas, la amargura y el enojo que guardas contra otras personas. Habrá convicción en tu vida porque Dios te recordará relaciones rotas que habías olvidado. ¿Por qué? Porque Él puede hablarte sobre ellas ahora. Finalmente puede llegar a ti porque estás escuchando.

Tal vez dices: "Yo tengo fe para creer que Dios responderá a mi oración", pero te aferras a la falta de perdón. La Biblia dice: *"Lo que vale es la fe que actúa mediante el amor"* (Gálatas 5:6). Por lo tanto, Dios te dirá: "Sí, pero la fe actúa cuando el amor está en orden, y no estás viviendo en perdón".

Hazte estas preguntas: "¿He ofendido a alguien? ¿Tengo resentimiento contra alguien? ¿Hay alguien en mi familia, en mi iglesia local, o en mi trabajo con quien no tengo una buena relación?". Dios está buscando manos limpias y un corazón puro (ver Salmos 24:3–4). Cuando perdonemos a otros, Dios también nos perdonará a nosotros, y se abrirá el camino para que Él oiga y responda a nuestras oraciones.

⌣

Pensamiento: No podemos hacer nada ante un altar santo cuando tenemos un corazón amargado.

Lectura: Efesios 4:32

—Día 42—
NO NOS METAS EN TENTACIÓN

Y no nos metas en tentación, mas líbranos del mal.
—Lucas 11:4 (RVR 60)

Esta última afirmación en el modelo de oración de Jesús no implica que Dios pudiera llevarnos a la tentación en contra de nuestra voluntad. Significa que debemos pedir a Dios sabiduría para no ponernos a nosotros mismos en situaciones que nos harán poner en un compromiso nuestra relación con Él. En otras palabras, debemos pedir a Dios fortaleza y sabiduría para dejar de tomar malas decisiones y dejar de meternos en situaciones malas que nos tentarán a pecar. Algunos de nosotros nos preparamos para los problemas, y después pedimos a Dios que nos libre. Dios nos dice: "Cuando acudas delante de mí, ora por sabiduría para poder tomar buenas decisiones sin comprometer tu vida de ningún modo".

Cuando Jesús pidió a Pedro, Jacobo y Juan que se mantuvieran a su lado mientras Él oraba en el huerto de Getsemaní antes de su arresto y crucifixión, los discípulos se quedaron dormidos. *"¿No pudieron mantenerse despiertos conmigo ni una hora? —le dijo a Pedro—. Estén alerta y oren para que no caigan en tentación. El espíritu está dispuesto, pero el cuerpo es débil"* (Mateo 26:40–41). Jesús sabía que Pedro estaba a punto de ser tentado a negarlo, después de afirmar que estaría dispuesto a morir con Él. Le dijo a Pedro que se mantuviera alerta y orara. Por lo tanto, Jesús se estaba refiriendo a estar alertas y orar cuando nos enseñó a decir: *"No nos metas en tentación"*.

Necesitamos estar alertas a las tentaciones y debilidades que podrían dañar nuestra relación con Dios y nuestro testimonio

94

para Él, cosas que Satanás podría explotar para hacernos tropezar. Entonces, necesitamos orar para que Dios nos proteja de sucumbir a ellas. La Biblia dice: *"Pónganse toda la armadura de Dios para que puedan hacer frente a las artimañas del diablo"* (Efesios 6:11).

Algunos de los manuscritos bíblicos incluyen esta bendición al final de la enseñanza de Jesús sobre la oración en el Evangelio de Mateo: *"Porque tuyo es el reino, el poder, y la gloria, por todos los siglos. Amén"* (Mateo 6:13, RVC). Tras haber orado, entonces vuelve a adorar al Padre. Cuando lo haces, le estás diciendo a Dios: "Sé que vas a responder a esta oración; por lo tanto, voy a darte gracias con antelación. Voy a darte toda la gloria que llegue de lo que suceda. Cuando se manifieste la respuesta, les diré a todos que se debe a ti". Todo el poder y toda la gloria le pertenecen a Dios, ¡por siempre y siempre!

Pensamiento: Necesitamos estar alertas a las tentaciones y debilidades que Satanás podría explotar para hacernos tropezar.

Lectura: 1 Pedro 5:8–9

—DÍA 43—
¿APRENDIERON LOS DISCÍPULOS EL SECRETO DE JESÚS?

Después de esta oración, el lugar donde estaban reunidos tembló y todos fueron llenos del Espíritu Santo. Y predicaban con valentía la palabra de Dios.   —Hechos 4:31 (NTV)

Los discípulos de Jesús observaron su estilo de vida de oración y le pidieron que les enseñara a orar. ¿Tenemos alguna evidencia de que aprendieron su secreto?

En Hechos 1:14 leemos que, después de que Jesús resucitó y ascendió a los cielos, los discípulos y los otros seguidores de Jesús *"en un mismo espíritu, se dedicaban a la oración"*. Estaban esperando el *"poder de lo alto"* (Lucas 24:49) que Jesús les había prometido; y estaban "alerta y orando", tal como Jesús les había enseñado (ver Mateo 26:41).

El día de Pentecostés, Dios llenó a los discípulos con su Espíritu Santo. En el derramamiento del Espíritu, se convirtieron tres mil personas y *"todos estaban asombrados por los muchos prodigios y señales que realizaban los apóstoles"* (Hechos 2:43). Las oraciones de los discípulos dieron como resultado que recibieran el bautismo del Espíritu Santo e hicieran prodigios y señales para la gloria de Dios, igual que Jesús había hecho.

En el capítulo 4 de Hechos, Pedro y Juan fueron arrestados por proclamar el evangelio, y después fueron liberados. La Escritura nos dice:

Al quedar libres, Pedro y Juan volvieron a los suyos y les relataron todo lo que les habían dicho los jefes de los sacerdotes y los ancianos. Cuando lo oyeron, alzaron unánimes la voz en oración a Dios: Soberano Señor, creador del cielo y de la tierra, del mar y de todo lo que hay en ellos. (Hechos 4:23–24)

Los discípulos de Jesús continuaron orando, y el Señor les respondió con poder. *"Después de haber orado, tembló el lugar en que estaban reunidos; todos fueron llenos del Espíritu Santo, y proclamaban la palabra de Dios sin temor alguno"* (Hechos 4:31).

Más adelante vemos que los discípulos no dejaron de seguir el estilo de vida de oración que Jesús había demostrado para ellos. Declararon: *"Así nosotros nos dedicaremos de lleno a la oración y al ministerio de la palabra"* (Hechos 6:3–4). Todo el libro de Hechos describe cómo continuaron el ministerio de Jesús mediante la oración y el poder del Espíritu Santo. Aprendieron el secreto de la eficacia de Jesús en el ministerio. Ahora que tú has aprendido el mismo secreto, ¿qué harás con él?

Oremos juntos:

Padre celestial,

Como los discípulos de Jesús, también nosotros necesitamos aprender a orar. Gracias por darnos este modelo de oración para que podamos saber cómo orar como lo hacía Jesús y ser eficaces en el ministerio, tal como Él lo era. Tu Palabra dice: *"El que los llama es fiel, y así lo hará"* (1 Tesalonicenses 5:24). Tú nos has llamado a un estilo de vida de oración, y te pedimos que cumplas ese llamado en nosotros. Danos corazones que busquen una relación cercana e íntima contigo cada día, y que sigan tus pensamientos y tus caminos en lugar de nuestros pensamientos y caminos, o las opiniones de otros. Te lo pedimos en el nombre de Jesús, nuestro gran Intercesor. Amén.

⌒

Pensamiento: Los discípulos no dejaron de seguir el estilo de vida de oración que Jesús había demostrado para ellos.

Lectura: Hechos 4:23–37

—Día 44—
QUÉDENSE EN SILENCIO

Quédense quietos, reconozcan que yo soy Dios.
—Salmos 46:10

Quisiera mostrarte un enfoque útil para organizar tus pasos en oración. Los "Doce pasos de acción en la oración" que exploraremos en este día y en devocionales posteriores fueron desarrollados a partir de principios extraídos de las vidas de oración de Jesús, Abraham, José, Moisés, David, Ezequiel, y otras personas en la Biblia. Cuando estudiamos a estas figuras bíblicas, vemos que todos ellos utilizaron un patrón similar en la oración. Sus oraciones recibieron la atención de Dios y produjeron resultados poderosos. *"La oración del justo es poderosa y eficaz"* (Santiago 5:16).

El primer paso en la oración es *quedarnos en silencio*. La oración debería comenzar con silencio. Normalmente, no es nuestra práctica estar en silencio delante de Dios, pero es un aspecto muy importante de la oración. Estar en silencio significa recogimiento, estar quieto.

En Mateo 6:6, Jesús dijo: *"Pero tú, cuando te pongas a orar, entra en tu cuarto, cierra la puerta y ora a tu Padre, que está en lo secreto. Así tu Padre, que ve lo que se hace en secreto, te recompensará".* Jesús nos estaba diciendo que vayamos a un lugar tranquilo y privado donde no nos molesten. En tiempos del Nuevo Testamento, la mayoría de los tejados de las casas eran planos, y las personas oraban a menudo en el tejado o terrado. Ese era su lugar tranquilo. Iban allí para alejarse de todo el ruido y el ajetreo que había en la casa.

Cuando comiences a entrar en la oración, antes quédate en silencio y elimina las distracciones. Por lo general, somos distraídos por muchas cosas cuando entramos en la oración. No podemos orar con eficacia cuando a nuestro alrededor están los niños jugando, el televisor encendido, y hay personas haciendo preguntas. La oración necesita recogimiento en nuestros pensamientos, nuestra atención, nuestra concentración. Necesitas silencio o aislamiento porque tienes que recoger todo tu ser.

Permite que el Señor calme tu corazón. *"¡Tú guardarás en perfecta paz a todos los que confían en ti, a todos los que concentran en ti sus pensamientos!"* (Isaías 26:3, NTV). La palabra para *"paz"* en hebreo es *shalom*, que significa "más que suficiente". Significa prosperidad. Todo lo que necesitas está provisto en Dios, de modo que no tienes que estar distraído por la preocupación cuando ores.

Por lo tanto, cuando acudas delante del Señor, en cualquier lugar privado que te encuentres para hacerlo quédate en silencio y escucha solamente a Dios. Deja que tu corazón esté en reposo, y entra en el lugar tranquilo. Es entonces cuando realmente estás orando. Demasiadas veces intentamos apresurar este proceso. La Biblia dice: *"Quédense quietos, reconozcan que yo soy Dios"* (Salmos 46:10).

Te aliento a que pases tiempo en contemplación silenciosa delante del Señor. Está bien no decir nada. Muchas veces, comenzamos a hablar enseguida. Simplemente quédate en silencio y entrega todo tu ser a la oración. Si estás intentando orar, pero tu espíritu, cuerpo, mente y emociones están separados, entonces no eres "uno"; no estás unido. Serás incapaz de orar la voluntad de Dios con unidad o integridad de propósito. El silencio ayuda a llevarte a una unidad de corazón y propósito contigo mismo y con Dios.

Pensamiento: La oración necesita que te recojas y te integres, y entres en un lugar de quietud delante de Dios.

Lectura: Salmos 37:5–7

—DÍA 45—

OFRECE ADORACIÓN

Tuyos son, Señor, la grandeza y el poder, la gloria, la victoria y la majestad. Tuyo es todo cuanto hay en el cielo y en la tierra.   —1 Crónicas 29:11

El segundo paso en la oración es *ofrecer adoración*. Este paso se corresponde con santificar el nombre de Dios, mencionado en el modelo de oración de Jesús (ver Lucas 11:2). Adoración significa adorar a Dios. Cuando adoras a alguien, expresas cuán preciosa es esa persona para ti. La primera parte del Salmo 95 es un buen pasaje de la Escritura para este propósito. De hecho, podrías poner tu propia melodía a este salmo y cantarlo durante el día:

Vengan, cantemos con júbilo al Señor; aclamemos a la roca de nuestra salvación. Lleguemos ante él con acción de gracias, aclamémoslo con cánticos. Porque el Señor es el gran Dios, el gran Rey sobre todos los dioses. En sus manos están los abismos de la tierra; suyas son las cumbres de los montes. Suyo es el mar, porque él lo hizo; con sus manos formó la tierra firme. Vengan, postrémonos reverentes, doblemos la rodilla ante el Señor nuestro Hacedor. Porque él es nuestro Dios y nosotros somos el pueblo de su prado; ¡somos un rebaño bajo su cuidado!
(Salmos 95:1–7)

¡Vaya canto de adoración! "Vengan, cantemos con júbilo al Señor". Debemos adorar a Dios por quién es Él: el Rey de toda la tierra, nuestro Creador, nuestro Salvador, nuestro Todo en todo. "*Tuyos son, Señor, la grandeza y el poder, la gloria, la victoria y la majestad. Tuyo es todo cuanto hay en el cielo y en la tierra. Tuyo también es el reino, y tú estás por encima de todo*" (1 Crónicas 29:11).

Comienza a adorar a Dios. Comienza a ensalzarlo a Él. Comienza a bendecirlo. Comienza a describirlo. Dile cómo lo ves.

Puedes decir: "Señor, tú eres poderoso, grande, asombroso, omnipotente, sin igual. Tú eres Dios por encima de todos y de todo. Eres misericordioso y maravilloso. Tú eres mi Consolador. Tú eres perfecto y fiel. Nunca eres débil, y eres eterno. Estás por encima de todas las cosas y en todas las cosas. Todo recibe su significado de ti, Señor. Eres poderoso. No hay nada que se te parezca, y nadie puede compararse a ti. Solamente tú eres Dios. Eres el único y sabio Dios: nadie es tan sabio como tú. Lo conoces todo: conoces todo sobre mí y sobre todas las personas. Tú entiendes cosas que yo no entiendo. Eres más alto y más profundo que mis problemas. No tengo ningún problema cuando tú estás presente. Tú eres todo en todo, y estás en todo. Sí, Señor, ¡no hay nadie como tú!".

Pensamiento: Debemos adorar a Dios por quién es Él: el Rey de toda la tierra, nuestro Creador, nuestro Salvador, nuestro Todo en todo.

Lectura: Salmos 150:1–6

—Día 46—

HAZ CONFESIÓN

Si confesamos nuestros pecados, Dios, que es fiel y justo, nos los perdonará y nos limpiará de toda maldad.   —1 Juan 1:9

El tercer paso en la oración es *hacer confesión*. A la mayoría de nosotros nos enseñaron que confesión significa sacar a la luz nuestros pecados del pasado, sentir remordimiento, emocionarnos, y cosas semejantes. Sin embargo, ese no es el corazón de la confesión. Confesión es un concepto muy diferente. Significa ponernos de acuerdo con Dios acerca de lo que Él nos dice *a* nosotros y *sobre* nosotros. Puedes estar de acuerdo con Dios solo cuando puedes oír lo que Él te está diciendo. Esto nos lleva de regreso a la adoración.

Cuando entras en la presencia de Dios mediante la adoración, Él no comenzará a lidiar primero con otras personas; comenzará a hacer brillar su luz sobre lugares de los que tú creías que Él no sabía nada. Él sacará a la luz las cosas. Dios nos dice, en efecto: "No quiero que te condenes a ti mismo; quiero que me digas que tengo la razón. ¿Tengo la razón? ¿Es pecado? Si lo es, entonces debes estar de acuerdo conmigo en que está mal, y dejar de hacerlo".

Por lo tanto, la confesión tiene lugar cuando Dios señala algo en tu vida y dice: "Líbrate de eso". "Eso es rebelión". "Eso es pecado", y tú dices: "Sí, Dios, tienes razón. Ya no volveré a hacerlo". Entonces, pones tu confianza en Él para que te capacite para caminar por el Espíritu. *"Vivan por el Espíritu, y no seguirán los deseos de la naturaleza pecaminosa"* (Gálatas 5:16). Cuando el Espíritu Santo te muestra algo en tu vida que no es correcto, entonces debes estar de acuerdo con Él. Si no estás de acuerdo con Él, no estás confesando. Eso significa que el pecado no perdonado es un pecado que tú nunca reconoces como pecado. Sigues aferrándote a eso y sigues haciéndolo; por lo tanto, Dios no puede limpiarte de ello. *"Si afirmamos que no tenemos pecado, nos engañamos a nosotros mismos y no tenemos la verdad"* (1 Juan 1:8).

Si continúas jugando con el pecado y no te pones de acuerdo con Dios al respecto, te destruirá. Lo que has estado deseando en tu vida nunca sucederá, porque tú mismo serás la ruina de tus propios planes. Piensa en lo que Dios está diciendo. La confesión no implica solamente recordar tu pasado; implica estar de acuerdo con Dios y obedecerlo de inmediato cuando Él te muestra que estás equivocado. Entonces, Dios se acercará a ti.

Si descubres que estás equivocado, confiésalo, ponte de acuerdo con Dios al respecto, pide perdón, y sigue adelante con tu vida. No puedes arrepentirte de cualquier maldad que justifiques ante ti mismo y ante otras personas. Tal vez estás justificando por qué vuelves a caer en cierto pecado. Dios te pregunta: "¿Es pecado?". Simplemente responde: "Sí, Dios, perdóname. Estaba equivocado. Regreso a casa". Dios te dice: "Bien. Estás de acuerdo conmigo en que es pecado; te perdono. Te limpiaré de toda injusticia. Deja que te limpie".

Dios es fiel. Cuando Él te limpia, no hay nadie que pueda condenarte. *"¿Quién acusará a los que Dios ha escogido? Dios es el que justifica. ¿Quién condenará?"* (Romanos 5:33–34).

⁓

Pensamiento: Confesión significa ponernos de acuerdo con Dios acerca de lo que Él nos dice *a* nosotros y *sobre* nosotros.

Lectura: Salmos 51:1–12

— DÍA 47 —
DA GRACIAS Y HAZ SÚPLICA

¡Alaben al Señor porque él es bueno, y su gran amor perdura para siempre!. —1 Crónicas 16:34

El cuarto paso en la oración es *dar gracias*. *"Estén siempre alegres, oren sin cesar, den gracias a Dios en toda situación, porque esta es su voluntad para ustedes en Cristo Jesús"* (1 Tesalonicenses 5:16–18).

Dar gracias es la voluntad de Dios para nosotros. Tras haber confesado, comienza a dar gracias. Sin duda, ahora que has confesado puedes dar gracias en abundancia porque tu corazón es libre. Dios no solo te ha dado libertad, sino también te ha dado algo por lo que estar agradecido. Él ha perdonado tus pecados. ¡Tienes suficientes motivos para que tu agradecimiento dure horas!

David pensaba en dar gracias incluso cuando confesó a Dios su gran pecado: *"Dios mío, Dios de mi salvación, líbrame de derramar sangre, y mi lengua alabará tu justicia. Abre, Señor, mis labios, y mi boca proclamará tu alabanza"* (Salmos 51:14–15). Así es como debemos orar. De hecho, este salmo de confesión termina en adoración. *"El sacrificio que te agrada es un espíritu quebrantado; tú, oh Dios, no desprecias… Entonces te agradarán los sacrificios de justicia, los holocaustos del todo quemados, y sobre tu altar se ofrecerán becerros"* (versículos 17, 19). Ofrecer sacrificios y holocaustos era un método de adoración en el Antiguo Testamento. Si has confesado delante de Dios, entonces tu corazón es limpio, y puedes ofrecer sacrificios de alabanza a Dios (ver Hebreos 13:15).

Siempre podemos estar agradecidos y alabar a Dios por el regalo de la salvación en Jesucristo. *"Vengan, cantemos con júbilo al Señor; aclamemos a la roca de nuestra salvación. Lleguemos ante él con acción de gracias, aclamémoslo con cánticos"* (Salmos 95:1–2).

Después de dar gracias, el siguiente paso en la oración es hacer súplica. Filipenses 4:6 dice: *"No se inquieten por nada; más bien, en toda ocasión, con oración y ruego, presenten sus peticiones a Dios y denle gracias".*

"Suplicar" es una palabra que involucra tres cosas: interceder, hacer peticiones, e incubar. Con "incubar" me refiero a tener una pasión profunda. Cuando ofreces ruegos o súplicas, significa que sientes el corazón de Dios; deseas tanto su voluntad, que se convierte en una experiencia espiritual. Eso sucede generalmente cuando comienzas a llorar en oración o a orar con más fervor. Es una experiencia de Dios emocionalmente abrumadora. Dios te muestra parte de lo que Él siente, y tú te unes con sus propósitos y deseos.

La súplica es un resultado natural de la gratitud. Cuando das gracias, por lo general pasas a la súplica porque la acción de gracias agrada a Dios, y Él te revela lo que hay en su corazón.

Pensamiento: La súplica es un resultado natural de la gratitud.

Lectura: Salmos 136

CONCRETA PETICIONES

En toda ocasión, con oración y ruego, presenten sus peticiones
a Dios y denle gracias.   —Filipenses 4:6

Eল sexto paso en la oración es *concretar tus peticiones*. La oración no es solamente palabrería; es una comunicación muy expresiva e intencional. Es un arte. Un abogado estudia mucho antes de situarse delante de un juez y un jurado para presentar su caso. Le pagan para que haga eso, y esa persona investiga para así poder presentar información pertinente al caso. Algo común que escuchamos decir a un fiscal o un abogado defensor es: "¡Irrelevante!". De modo similar, cuando acudes delante de Dios para presentarle peticiones de cosas que quieres que Él haga, tienes que asegurarte de que la evidencia que presentas sea relevante para el caso. Por eso Dios tiene muchos nombres. Necesitas dirigirte a Él concretamente para tus peticiones en particular.

Si quieres paz, apelas a Él como Jehová-shalom (el Señor nuestra Paz) en lugar de Jehová-jire (el Señor nuestro Proveedor). Si necesitas sanidad, Él es Jehová-rafa (el Señor nuestro Sanador). "Señor, necesito que seas Jehová-rafa concretamente en este caso. Apelo a la corte pidiendo sanidad. No necesito un auto en este momento; ni siquiera sé manejar. Necesito ser sanado. Tú dices que, si te amo y sigo tus mandamientos, me mantendrás libre de toda enfermedad (ver Deuteronomio 7:15)".

Por lo tanto, concreta tus peticiones reconociendo el nombre de Dios y su Palabra. Un modo de hacerlo es anotar las cosas por las que quieres orar; al lado de esos puntos, escribe los versículos que vas a usar cuando ores. Repito que la oración tiene que ser intencional y práctica. No es algo que tú fabricas. Es bueno tener cosas concretas escritas. Entonces, cuando ores por tu lista de peticiones, Dios sabrá que hay pensamiento e intención detrás de tus peticiones. Cuando ores por cada petición, estarás orando conforme a la Palabra de Dios, y Dios enviará ayuda para cada una de ellas. *"Esta es la confianza que tenemos al acercarnos a Dios: que, si pedimos **conforme a su voluntad**, él nos oye. Y, si sabemos que Dios oye todas nuestras oraciones, podemos estar seguros de que ya tenemos lo que le hemos pedido"* (1 Juan 5:14–15).

En las Escrituras, el apóstol Pablo nos indicó que *"en toda ocasión"* debemos poner nuestras peticiones delante de Dios: *"No se inquieten por nada; más bien, en toda ocasión, con oración y ruego, presenten sus peticiones a Dios y denle gracias. Y la paz de Dios, que sobrepasa todo entendimiento, cuidará sus corazones y sus pensamientos en Cristo Jesús"* (Filipenses 4:6–7). Por lo tanto, sé concreto y basa tus oraciones en las Escrituras. Dios te escuchará.

⌒

Pensamiento: La oración tiene que ser intencional y práctica.

Lectura: Mateo 20:30–34

—Día 49—

ASEGURA LAS PROMESAS

Todas las promesas que ha hecho Dios son «sí» en Cristo. Así que por medio de Cristo respondemos «amén» para la gloria de Dios.
                                                            —2 Corintios 1:20

El séptimo paso en la oración es *asegurar las promesas*. Aférrate a las promesas de Dios cuando pones su Palabra delante de Él, aplicándola a la petición concreta que estés haciendo.

Cuando Jesús quería ministrar a las personas, nunca daba por supuesto lo que ellas necesitaban. Les preguntaba: *"¿Qué quieren que haga por ustedes?"* (Mateo 20:32). Dios responde peticiones concretas basándose en sus promesas. Veamos un ejemplo de eso.

Bartimeo era ciego, y mendigaba al lado del camino. *"Al oír que el que venía era Jesús de Nazaret, se puso a gritar: —¡Jesús, Hijo de David, ¡ten compasión de mí!"* (Marcos 10:47). Jesús le preguntó: *"¿Qué quieres que haga por ti?"* (versículo 51). Podríamos pensar que era obvio, pero Jesús hacía que las personas le dijeran lo que querían concretamente. *"Rabí, quiero ver —respondió el ciego. —Puedes irte —le dijo Jesús—; tu fe te ha sanado. Al momento recobró la vista y empezó a seguir a Jesús por el camino"* (versículos 51–52).

Bartimeo fue sanado porque pidió sanidad basándose en sus derechos legales. Estaba clamando: *"Hijo de David"* (Marcos 10:47–48). El pacto de Abraham llegó por medio de David. La Escritura dice que el Mesías llegará mediante el linaje de David y que el trono de David perdurará para siempre. (Ver Isaías 9:6–7). Bartimeo razonó: "Si Jesús es el Mesías, debe ser el Hijo de David. Si es el Hijo de David, entonces cada promesa del pacto que Dios hizo a Abraham, Moisés y David puede llegar a mí por medio de Él. Por lo tanto, dijo: *"¡Hijo de David, ten compasión de mí!"* (Marcos 10:47–48). *"Puedes irte —le dijo Jesús—; tu fe te ha sanado"* (versículo 52). El hombre merecía sanidad porque pidió concretamente mediante las promesas. Del mismo modo, nosotros debemos asegurar las promesas cuando oramos.

Veamos ahora otro ejemplo bíblico. En este caso, aunque la mujer involucrada no le pidió sanidad a Jesús, aun así, fue sanada basándose en las promesas. Un día de reposo, Jesús entró en una sinagoga y vio a esta mujer, que estaba encorvada y no podía enderezarse. Jesús declaró una palabra de sanidad, puso sus manos sobre ella, y la sanó. *"Al instante la mujer se enderezó y empezó a alabar a Dios"* (Lucas 13:13).

Los líderes religiosos comenzaron a murmurar: "¿Cómo se atreve a sanarla en día de reposo?". Jesús se volteó hacia ellos y dijo: *"Y a esta hija de Abrahán, que Satanás había tenido atada durante dieciocho años, ¿no se le habría de liberar, aunque hoy sea día de reposo?"* (Lucas 13:16, RVC).

Esa fue una afirmación poderosa. Jesús le sanó porque, en el contrato que Dios había hecho con su pueblo escogido en nombre de Abraham, había dicho: *"El Señor te mantendrá libre de toda enfermedad"* (Deuteronomio 7:15).

A menudo le pedimos al Señor que nos sane porque estamos sufriendo, y Él sí tiene compasión de nosotros para sanarnos (ver, por ejemplo, Mateo 14:14). Sin embargo, la razón principal por la que Él nos sana es que le presentamos evidencia de que la sanidad es nuestro derecho legal.

⌒

Pensamiento: Cuando le pidas al Señor, presenta las promesas de Dios delante de Él, aplicándolas a las peticiones concretas que estás haciendo. Entonces, aférrate a las promesas de Dios.

Lectura: 2 Pedro 1:3–4

— DÍA 50 —
DEFIENDE TU CASO

¿Acaso Dios no hará justicia a sus escogidos, que claman a él día y noche? —Lucas 18:7

El octavo paso en la oración es *defender tu caso*. Defender tu caso no significa mendigar, gemir delante de Dios y emocionarte. Es algo que haces porque mereces legítimamente lo que estás pidiendo basado en las promesas de Dios.

En Lucas 18, mediante una parábola, Jesús reveló a sus discípulos cómo perseverar en oración hasta que veamos a Dios. Comenzó diciendo: *"Había en cierto pueblo un juez que no tenía temor de Dios ni consideración de nadie"* (versículo 2). Yo creo que Jesús usó el ejemplo del peor juez posible para ilustrar el hecho de que la oración no tiene nada que ver con que le caigas bien a Dios. Nosotros decimos: "Señor, si me amas, bendíceme". Dios responde: "Te bendigo debido a dos cosas: en primer lugar, estás calificado mediante la fe en mis promesas y una vida justa; y, en segundo lugar, yo soy santo. Por lo tanto, cumplo mi Palabra".

Jesús continuó: *"En el mismo pueblo había una viuda que insistía en pedirle: 'Hágame usted justicia contra mi adversario'"* (versículo 3). La razón por la que usó la ilustración de una viuda es que, en tiempos de Jesús, una viuda era alguien que realmente había tocado fondo en la vida. A menudo, no había familiares que cuidaran de ella y la ayudaran. La viuda es importante en este ejemplo porque Dios quiere que acudas en oración con una actitud que dice: "Tú eres el único que puede ayudarme". Quiere que dependamos de Él por completo.

Jesús siguió diciendo: *"Durante algún tiempo él se negó"* (Lucas 18:4). Repito que, cuando oramos, a veces la respuesta no llega de inmediato, pero eso no significa que no esté en camino. Jesús concluyó su historia con esta afirmación: *"Pero por fin concluyó: 'Aunque no temo a Dios ni tengo consideración de nadie, como esta viuda no deja de molestarme, voy a tener que hacerle justicia, no sea que con sus visitas me haga la vida imposible'"* (Lucas 18:4–5).

Así es como Jesús explicó la parábola a sus discípulos: *"Tengan en cuenta lo que dijo el juez injusto. ¿Acaso Dios no hará justicia a sus escogidos, que claman a él día y noche? ¿Se tardará mucho en responderles? Les digo que sí les hará justicia, y sin demora"* (versículos 6–8). Jesús estaba diciendo: "Si un hombre que no reconoce a Dios o su justicia tiene que ocuparse de que una mujer que no le cae bien consiga lo que merece, cuánto más Dios, que te ama, se ocupará de que obtengas justicia, y sin demora". En otras palabras, Dios no tomará tanto tiempo como el juez a quien no le gustaba la gente. Él hará justicia a sus escogidos, a aquellos que han recibido sus promesas como herencia espiritual.

Esta parábola nos asegura que, cuando creemos la Palabra de Dios y le repetimos a Él sus promesas, Dios dice: "Voy a responderte, no porque me 'gustes' sino porque yo soy santo". Por lo tanto, defiende tu caso basado en la Palabra de Dios y su integridad.

⌣

Pensamiento: Él hará justicia a sus escogidos, a aquellos que han recibido sus promesas como herencia espiritual.

Lectura: Isaías 30:18

CREE

Por tanto, les digo: Todo lo que pidan en oración, crean que lo recibirán, y se les concederá".   —Marcos 11:24 (RVC)

El noveno paso en la oración es *creer*. Este es un paso difícil para muchos de nosotros. Como en la parábola del juez injusto que examinamos en el devocional anterior, Dios dice que, cuando defendamos nuestro caso, debemos creer. (Ver Lucas 18:8). Pedir, por sí solo, no causa que recibamos.

Lee atentamente las palabras de Cristo en este pasaje de Marcos 11. Es otro mini seminario sobre la oración:

—Tengan fe en Dios —respondió Jesús—. Les aseguro que, si alguno le dice a este monte: "Quítate de ahí y tírate al mar", creyendo, sin abrigar la menor duda de que lo que dice sucederá, lo obtendrá. Por eso les digo: Crean...

(versículos 22–24)

¿Cuál es la siguiente frase? "... *que ya han recibido*". ¿Ves el tiempo verbal? Cuando pidas, cree en ese mismo momento que ya lo has recibido. Es posible pedir algo en oración y no creer. Hacemos eso todo el tiempo. Normalmente, abandonamos demasiado pronto.

En el libro de Daniel, leemos que Daniel oró y que, el mismo día que oró, la respuesta estaba en camino; sin embargo, Daniel no sabía eso (ver Daniel 10:10–14; ver también Daniel 9:23). ¿Qué hizo Daniel? Siguió orando. Después de veintiún días, llegó un ángel con la respuesta. El punto es que Daniel no dijo: "Bueno, ya han pasado diez días. Esto no funciona. Voy a volver a hacer lo que antes hacía". No. Daniel creyó que, si Dios decía algo, eso sucedería. No iba a dejar de orar hasta que se manifestara. Iba a perseverar hasta ver la respuesta con sus propios ojos.

¿Crees tú que va a suceder aquello por lo que oraste anoche? Quiero que confieses algo. Puedes decir: "Señor, creo". Podrías no ser un creyente siempre. Tal vez tiendes a tener dudas; sin embargo, cuando comiences a dudar, sé sincero y di lo mismo que dijo el papá del niño poseído por un demonio: *"¡Creo! ¡Ayúdame en mi incredulidad!"* (Marcos 9:24, RVC). Esa es una buena oración. No podemos permitir que la duda entre en nuestras oraciones, pues causará un cortocircuito en ellas.

> *Si a alguno de ustedes le falta sabiduría, pídasela a Dios, y él se la dará, pues Dios da a todos generosamente sin menospreciar a nadie. Pero que pida con fe, sin dudar, porque quien duda es como las olas del mar, agitadas y llevadas de un lado a otro por el viento. Quien es así no piense que va a recibir cosa alguna del Señor.* (Santiago 1:5–7)

En lugar de ser como la persona que duda, *"llevada de un lado a otro por el viento"*, cree que has recibido lo que pediste, y lo obtendrás.

Pensamiento: Cuando pidas, cree en ese mismo momento que ya lo has recibido.

Lectura: Efesios 1:18–21

—Día 52—
DA GRACIAS OTRA VEZ

¡Cuán bueno, Señor, es darte gracias y entonar, oh Altísimo,
salmos a tu nombre. —Salmos 92:1

El décimo paso en la oración es dar gracias. Podrías decir: "Pero 'dar gracias' fue el cuarto paso". Sin embargo, hay una progresión en la oración. Después de haber creído, ¡ofrece acción de gracias otra vez!

Comparemos las dos acciones de gracias en la oración. La primera vez que das gracias, eso expresa tu agradecimiento por el perdón y la misericordia de Dios. La segunda vez que agradeces es la forma de fe más elevada. Das gracias a Dios por lo que todavía no ves, porque crees que ya está hecho. Eso requiere fe. Si crees verdaderamente que, cuando oraste, recibiste lo que pedías, entonces comenzarás a dar las gracias. No debemos esperar hasta que veamos la manifestación de nuestras oraciones antes de expresar nuestra gratitud.

De hecho, no mostramos a Dios que creemos realmente hasta que le damos gracias. Hacemos eso con los seres humanos, pero no lo hacemos con Dios. Por ejemplo, supongamos que vas al banco y hablas con el gerente acerca de pedir un préstamo. El banquero aprueba el préstamo y dice: "Dalo por hecho. El dinero será depositado en tu cuenta". Tú no ves el dinero, ni tampoco sabes si él ya ha depositado el dinero o no; sin embargo, ¿qué dices? "Muchas gracias". Entonces, te vas y desarrollas tu negocio basado en las palabras del banquero. Dios dice: "Haz lo mismo conmigo. Dame las gracias antes de que todavía esté registrado en tu estado de cuenta". ¿Por qué? Si creemos a Dios, entonces la respuesta llegará.

Con frecuencia, nosotros mismos bloqueamos las respuestas a nuestras oraciones. La respuesta estaba llegando, pero nosotros nos alejamos diciendo: "Ya no voy a desperdiciar mi tiempo creyendo eso". ¿Qué sucede entonces? ¿Recuerdas el pasaje de Santiago 1 que leímos ayer? *"porque quien duda es como las olas del mar, agitadas y llevadas de un lado a otro por el viento. Quien es así no piense que va a recibir cosa alguna del Señor"* (Santiago 1:6–7).

No bloquees tus oraciones. Comienza a dar gracias, y sigue dando gracias a Dios hasta que se manifieste la respuesta.

Si alguien te pregunta: "¿Cómo te va?", responde simplemente: "Estoy dando gracias a Dios por lo que he recibido". Si te preguntan: "¿Cómo te sientes?", responde: "Me siento realmente bien". "¿Por qué?". ¿Estoy dando gracias a Dios por lo que se va a manifestar"? Cuando respondes de ese modo, comienzas a atraer ángeles. La Biblia dice: *"¿Y acaso no son todos ellos espíritus ministradores, enviados para servir a quienes serán los herederos de la salvación?"* (Hebreos 1:14, RVC).

Puedes cerrar todos tus tiempos de oración con acción de gracias porque ya has recibido lo que pediste. ¡Solamente es que no ha sido revelado aún para que otras personas lo vean!

> *Entren por sus puertas con acción de gracias; vengan a sus atrios con himnos de alabanza; denle gracias, alaben su nombre. Porque el Señor es bueno y su gran amor es eterno; su fidelidad permanece para siempre.* (Salmos 100:4–5)

Pensamiento: Si crees verdaderamente que, cuando oraste, recibiste lo que pedías, entonces comenzarás a dar las gracias.

Lectura: Colosenses 2:6–7

—DÍA 53—
VIVE CON EXPECTACIÓN

Al que puede hacer muchísimo más que todo lo que podamos imaginarnos o pedir, por el poder que obra eficazmente en nosotros.
                                                        —Efesios 3:20

El undécimo paso en la oración es *vivir con expectación*. Continúa en un espíritu de acción de gracias viviendo con expectación de la respuesta a tu oración.

Mi vida ha cambiado a medida que he aplicado este principio personalmente. Cada vez más, mientras he caminado con el Señor, Él me ha enseñado verdades fundamentales que han marcado una diferencia significativa en mi vida.

Si crees que vas a ser bendecido financieramente, si esperas que Dios te bendiga, entonces sugiero que hagas algo similar a lo que hice yo. Hace varios años atrás, le dije a mi banquero: "Quiero abrir una nueva cuenta". Él me preguntó: "¿Para qué?", y yo le dije: "Para algo que *espero*". Tengo varias cuentas diferentes en ese banco, pero dije: "Esta es distinta. Es mi cuenta de bendición. Tengo expectativa de que Dios me va a bendecir, y voy a demostrarle a Él que lo espero dándole realmente un lugar donde depositarlo. Si lo meto en mi cuenta corriente, puede que no lo mantenga. Si lo pongo en la cuenta de préstamo, quizá podría perderse. Voy a darle a Dios una diana donde Él pueda dirigir las bendiciones". Después de abrir esa cuenta, tenía más dinero en mi vida que nunca antes.

Muchas veces, las personas se acercan a mí y dicen: "Pastor Myles, estoy orando por un empleo". Yo respondo: "¿Cuántas aplicaciones has llenado?". "Bueno, estoy esperando que el Señor me dirija hacia algo". Desde luego que necesitamos seguir la dirección de Dios, pero demasiadas veces somos perezosos y no creemos.

Tenemos que llamar. Si crees que Dios te dará un empleo, entonces llena todas las aplicaciones que puedas porque Dios te hará llegar a una de ellas. Si el jefe no sabe que estás ahí, ¿cómo podrá llamarte para una entrevista de trabajo?

¡Vive con expectativa! Si le pides a Dios que te provea un auto para poder manejar hasta la iglesia para adorarlo, y crees que Dios te escuchó, entonces sal a comprar. No regreses a la iglesia diciendo: "Bueno, el Señor lo organizará". Ve a la concesionaria de autos y echa un vistazo. ¿Por qué? Tienes expectativa de que Dios hará algo. Tal vez estás orando por un cónyuge. Luce lo mejor que puedas. Esa persona podría aparecer hoy mismo. Si no esperas, eso significa que no crees. ¡Organiza las cosas para tu respuesta! *"Al que puede hacer muchísimo más que todo lo que podamos imaginarnos o pedir, por el poder que obra eficazmente en nosotros"* (Efesios 3:20).

⌒

Pensamiento: Continúa en un espíritu de acción de gracias viviendo con expectación de la respuesta a tu oración.

Lectura: Salmos 147:7–11

—Día 54—
PRACTICA LA CREENCIA ACTIVA

Pidan, y se les dará; busquen, y encontrarán; llamen, y se les abrirá la puerta. —Lucas 11:9

El duodécimo y último paso en la oración es *practicar la creencia activa*. Esto muestra que estás viviendo con expectativa. Es lo que Jesús quería decir con "buscar y llamar". Sabemos que, cuando los discípulos pidieron al Señor que les enseñara a orar (ver Lucas 11:1), Jesús procedió a enseñar una oración modelo. Lucas 11:9 es parte de su discurso sobre la oración: *"Así que yo les digo: Pidan, y se les dará; busquen, y encontrarán; llamen, y se les abrirá la puerta"*.

Jesús nos está diciendo: "No se detengan después de orar. Levántense y busquen lo que pidieron. Lo encontrarán si lo buscan. Puede que esté detrás de alguna puerta cerrada; si ese es el caso, entonces llamen". Si crees que es tuyo, o si ha de ser tuyo, o si es legítimamente tuyo en Cristo, ninguna puerta o barrera puede detener lo que Dios tiene para ti. Cuando el diablo intente retenerlo, sigue persistiendo hasta que la puerta se derribe. Según la Palabra de Dios, si llamas ocurrirá. Ese es el significado de la oración activa.

Repito que, si estás creyendo a Dios para tener una casa nueva, entonces sal a mirar. Conduce por los barrios que tengan el tipo de casa que quieres. Usa tu fe en proporción con tu confesión. Di: "Dios, creo en ti para esto". Entonces sal a buscar. Llama a agentes inmobiliarios y pregunta: "¿Qué tienen en el mercado?". Pide a personas que vivan en la zona que te gusta que te dejen saber si hay algún vecino que pudiera poner su casa en el mercado. De ese modo, puedes practicar la creencia activa a medida que continúas viviendo delante de Dios en santidad y verdad. Dios te bendecirá cuando pidas, busques, y llames.

A medida que aprendas a orar según los principios bíblicos, llegarás a ser un creyente poderosamente eficaz. Usa estos doce pasos de acción como una guía para la oración, y asegúrate de que todo en tu vida está en orden conforme a la voluntad y los propósitos de Dios. Me emociona lo que Dios va a hacer en tu vida a medida que aplicas estos principios y a medida que creces en la gracia y el conocimiento de Dios y sus caminos.

Oremos juntos:

Padre celestial,

Gracias por darnos principios para la oración en tu Palabra. En Salmos 119:15 leemos: *"En tus preceptos medito, y pongo mis ojos en tus sendas"*. No permitas que nos alejemos de tus verdades y las olvidemos. Ayúdanos a estudiar tus principios y considerar con atención tus caminos tal como se revelan en tu Palabra. Entonces, aliéntanos a dar un paso de fe para poner en práctica esos principios en nuestra vida. Mientras lo hacemos, te damos gracias por responder a nuestras oraciones y hacer *"muchísimo más que todo lo que podamos imaginarnos o pedir, por el poder que obra eficazmente en nosotros"* (Efesios 3:20). Te lo pedimos en el nombre de Jesús, el Mediador del nuevo pacto. Amén.

Pensamiento: No te detengas después de haber orado. Levántate y busca lo que pediste. Si buscas y llamas, se cumplirá.

Lectura: Hebreos 10:36–39

APRENDER SOBRE LA ORACIÓN, PERO NO PRACTICARLA

No se contenten solo con escuchar la palabra, pues así se enga-
ñan ustedes mismos. Llévenla a la práctica. —Santiago 1:22

La oración es la mayor oportunidad y privilegio que se ofrece a una persona en Cristo; sin embargo, debido al poder de la oración, nuestro adversario (Satanás) hace todo lo posible para ocuparse de que las oraciones de individuos e iglesias sean ineficaces. Utilizará ideas erróneas sobre la oración para frustrar nuestro potencial en la oración. Esas ideas erróneas son *obstáculos* que vencer cuando abordamos los diversos problemas que conducen a la oración no contestada. Levantarte por encima de esos obstáculos mediante la gracia de Dios te permitirá entender verdaderamente el propósito y el poder de la oración. En los siguientes devocionales hablaremos de seis de esos obstáculos.

El primer obstáculo es un deseo de solamente *leer acerca de* la Biblia y la oración en lugar de *estudiar* la Palabra y *equiparnos* para la oración. Obtenemos una falsa sensación de satisfacción cuando aprendemos sobre algo, pero realmente no hacemos nada con ello. Creemos que es parte de nuestra vida, pero no ha pasado de nuestra cabeza a nuestro corazón, de la teoría a la práctica.

A Satanás le encanta cuando leemos sobre lo que deberíamos hacer, pero nunca lo hacemos; cuando compramos libros sobre la oración y la Biblia, pero nunca seguimos lo que el libro dice; cuando compramos grabaciones de enseñanzas de la Biblia, pero nunca practicamos lo que las enseñanzas nos enseñan que haga-mos. Muchos cristianos leen en la Biblia sobre cómo los creyen-tes recibieron respuestas a sus oraciones, y se sienten inspirados.

Puede que digan: "Daniel oró, José oró, y mira los resultados que obtuvieron. *'La oración del justo es poderosa y eficaz'* (Santiago 5:16). Yo también debería orar". Sin embargo, nunca hacen el compromiso de ponerlo en práctica.

Con frecuencia tenemos la idea errónea de que, si conocemos mucho acerca de la oración, de una forma o de otra *hemos* orado. Una causa importante de oración no respondida es que nos convertimos en expertos en el conocimiento de la oración, pero no en maestros de la práctica de orar. El mejor enfoque de la oración es *orar*.

El segundo obstáculo para la oración es similar al primero: *asentimiento mental en lugar de acción*. El asentimiento mental se parece tanto a la fe, que muchas personas no pueden ver la diferencia entre ambos. Asentimiento mental significa aceptar intelectualmente la Palabra como verdad, admirarla y estar de acuerdo con ella, pero no permitir que tenga influencia en nuestra vida, de modo que no nos hace ningún bien. En esencia, el asentimiento mental está de acuerdo con Dios, pero no cree a Dios. Quien asiente mentalmente afirma que toda la Biblia vino de Dios y cada palabra de ella es verdad. Cuando llega una crisis, sin embargo, dice. "Sí, creo que la Biblia es verdad, pero no funciona para *mí*".

Si has estado asintiendo mentalmente a la verdad, pero sin actuar en consonancia, has estado viviendo por debajo de tu privilegio por demasiado tiempo. Santiago 1:22 dice: *"No se contenten solo con escuchar la palabra, pues así se engañan ustedes mismos. Llévenla a la práctica"*. Este versículo separa el asentimiento mental de la fe. Tenemos que practicar nuestra fe haciendo lo que Dios pide. No solo deberíamos estar de acuerdo con su Palabra y su voluntad, sino también vivirlas.

⁓

Pensamiento: La única forma de que las promesas de Dios se conviertan en tu vida es que las pongas en práctica; y no puedes ponerlas en práctica sin fe.

Lectura: Mateo 7:24–27

—DÍA 56—

ESCUCHAR LA PALABRA, PERO NO ABSORBERLA

El que tenga oídos, que oiga.   —Mateo 13:9

El tercer obstáculo importante para la oración contestada es *escuchar la Palabra, pero no absorberla* en nuestra vida. Saltarnos el paso de absorber la Palabra es perjudicial para nuestra salud espiritual, porque debemos interiorizar la Palabra si queremos que marque una diferencia en nuestra vida. Cuando no absorbemos la Palabra, con frecuencia entra por un oído y sale por el otro. Satanás la roba enseguida para que así no pueda tener un impacto en nuestra relación con Dios.

En la parábola del sembrador, Jesús dijo: *"Cuando alguien oye la palabra acerca del reino y no la entiende, viene el maligno y arrebata lo que se sembró en su corazón"* (Mateo 13:19). En esta parábola, la Palabra de Dios se representa como semilla, mientras que varios tipos de actitudes humanas se representan mediante diferentes tipos de tierra. Cuando la semilla se siembra al lado del camino, o sea, cuando la Palabra no se convierte en parte central de la vida de la persona, el enemigo llega *inmediatamente* para arrebatarla. En su intento por destruir la obra de Dios en nuestra vida, el primer objetivo de Satanás es la fuente de nuestra vida espiritual: la Palabra. Esto significa que, incluso mientras lees este libro, el enemigo intenta robarte la verdad de Dios.

Jesús con frecuencia terminaba sus enseñanzas diciendo: *"El que tenga oídos, que oiga"* (ver, por ejemplo, Mateo 13:9; Lucas 14:35). Está el oído físico, y está el oído espiritual. Jesús sabía que las personas estaban escuchando sus palabras; sin embargo, les dijo esencialmente: "Mis palabras tienen que llegar a establecerse en sus corazones".

Me gusta una paráfrasis del mandato de Jesús en Apocalipsis 2:7 que dice: "Que este mensaje se hunda en los oídos de todo aquel que escucha lo que el Espíritu dice a las iglesias".[6] Que el mensaje se hunda. Mantente enfocado tras haber escuchado o leído la Palabra, y deja que se hunda verdaderamente en tu espíritu. La Biblia llama a este proceso *meditación*. La meditación bíblica es muy diferente a la meditación trascendental, que se practica en las religiones orientales. La meditación trascendental conlleva mantras y conjuros, mientras que la meditación bíblica se enfoca únicamente en la Palabra de Dios.

Después de que el apóstol Pablo instruyó a Timoteo en los caminos de Dios, dijo: "*Reflexiona sobre estas cosas; dedícate a ellas, para que tu aprovechamiento sea evidente a todos*" (1 Timoteo 4:15, LBLA). La palabra griega para "*reflexiona*" en este versículo es *meletao*, que significa "dar vueltas en la mente". Repito que la meditación bíblica no es un proceso mecánico de recitar mantras, sino de *usar* la mente: dar vueltas mentalmente a algo una y otra vez con el fin de comprender todas sus verdades e implicaciones, y después aceptar esas verdades aplicándolas a toda tu vida.

Satanás nunca quiere que llegues a la etapa de meditación, porque es entonces cuando la Palabra de Dios puede convertirse en el medio para la oración contestada. Si Satanás puede arrebatarte la Palabra, puede robar lo que Dios te ha dado para cumplir sus propósitos en tu vida.

⁓

Pensamiento: Mantente enfocado tras haber escuchado o leído la Palabra, y deja que se hunda verdaderamente en tu espíritu.

Lectura: Santiago 1:23–25

---

6. Traducido de *The Living Bible*, © 1971, Tyndale House Publishers, Inc., Carol Stream, Illinois 60188.

—Día 57—

"ESPERAR" EN LUGAR DE TENER FE

La justicia que proviene de Dios, la cual es por fe de principio
a fin, tal como está escrito: «El justo vivirá por la fe».
—Romanos 1:17

Otro obstáculo común que bloquea las oraciones de las personas es *"esperar" en lugar de tener fe*. Hay dos maneras en las que la idea de la esperanza puede interferir en lo que Dios quiere lograr mediante la oración: (1) cuando aplicamos la definición bíblica de esperanza (cumplimiento futuro) a situaciones de fe del presente, y (2) cuando nuestra esperanza no es la clase de esperanza bíblica sino realmente tan solo ilusiones.

En primer lugar, muchas personas confunden fe con esperanza. La Biblia dice: *"Y ahora permanecen la fe, la esperanza y el amor. Pero el más importante de todos es el amor"* (1 Corintios 13:13, RVC). Recordemos que la palabra griega para *"fe"* es *pistis*, que significa "creencia" o "seguridad". La palabra para *"esperanza"* es *elpis*, que significa "expectativa" o "confianza". La esperanza bíblica se basa en la fe porque la esperanza es la anticipación confiada del cumplimiento de esa fe.

La esperanza es algo hermoso y necesario cuando se trata del cielo, la segunda venida de Cristo, y todo lo que Dios nos ha prometido en el futuro: la culminación de nuestra salvación, la resurrección de nuestro cuerpo, el cielo nuevo y la tierra nueva, y nuestro reinado con Jesús para siempre. La seguridad de bendiciones futuras es de lo que habla la esperanza bíblica: *"Esta esperanza es un ancla firme y confiable para el alma"* (Hebreos 6:19, NTV). Sin embargo, este tipo de esperanza puede convertirse en un obstáculo para la oración contestada cuando se aplica mal. Hay bendiciones que Dios quiere darnos en el presente. Si pensamos que todas ellas están en el futuro, no ejercitaremos nuestra fe para ver su cumplimiento en nuestra vida *ahora*. Los creyentes que tienen esta perspectiva recibirán las bendiciones futuras por las cuales tienen fe y esperanza, pero se perderán las bendiciones que Dios quiere darles en el presente.

En segundo lugar, hay un tipo de esperanza que es realmente tan solo *ilusiones*. No está basada en la fe, como lo está la esperanza bíblica. En cambio, se basa en la incertidumbre o la duda. Pensemos en la diferencia de este modo: la primera es esperanza; la segunda es "esperar". Esperar es cuando decimos: "Espero que suceda esto". "Espero que esto funcione". "Espero que Dios escuche mis oraciones".

Hebreos 11:1 declara: *"Ahora bien, tener fe es estar **seguro** de lo que se espera; es estar **convencido** de lo que no se ve"* (RVC). "Esperar" es peligroso porque puede cancelar nuestras oraciones. Supongamos que le pides algo a Dios conforme a su Palabra, y dices: "Señor, creo". Entonces, después terminar tu tiempo de oración dices: "Bueno, espero que suceda". Acabas de anular tu oración.

¿Por cuánto tiempo has estado esperando estudiar en la escuela, abrir un negocio, desarrollar una habilidad, o perder peso? Tal vez dos años, cinco años, diez años, y todavía no lo has hecho. Esperar no conseguirá nada. Cuando mostramos tan solo ilusiones y duda, demostramos que en realidad no confiamos en Dios, que no le creemos, que somos escépticos con respecto a su carácter e integridad.

Las bendiciones de Dios ya han sido logradas en el ámbito espiritual. ¡Él está esperando a que le creas para poder liberarlas!

～

Pensamiento: Las ilusiones son un elemento destructor en el tiempo presente de la vida y en la práctica de la oración.

Lectura: Marcos 9:14–29

ORAR POR FE Y DESCUIDAR LA ORACIÓN

Así que la fe viene como resultado de oír el mensaje, y el mensaje que se oye es la palabra de Cristo. —Romanos 10:17

El quinto obstáculo común para la oración contestada es *orar por fe*. Lucas 17:5 dice: *"Entonces los apóstoles le dijeron al Señor: —¡Aumenta nuestra fe!"*. ¿Has hecho alguna vez una oración como esa? Estás en buena compañía. Los discípulos vivieron con Jesús por más de tres años; lo vieron echar fuera demonios, sanar enfermos y resucitar muertos; sin embargo, le seguían implorando: *"¡Aumenta nuestra fe!"*. Su respuesta es maravillosa: *"Si ustedes tuvieran una fe tan pequeña como un grano de mostaza, podrían decirle a este árbol: 'Desarráigate y plántate en el mar', y les obedecería"* (versículo 6).

Recuerda que nuestra fe crece a medida que asimilamos la Palabra en nuestra vida y la ponemos en práctica. Romanos 10:17 dice: *"Así que la fe viene como resultado de oír el mensaje, y el mensaje que se oye es la palabra de Cristo"*. La fe viene y aumenta a medida que oímos y creemos la Palabra y la ponemos en práctica.

Lo que cuenta no es el tamaño de tu fe; es el tamaño de tu Dios. Si quieres aumentar tu fe, no se producirá por orar por ella; llegará cuando aumentes tu ingesta de la Palabra de Dios. Lo que conoces de la Palabra se convierte en el límite de tu fe porque solamente puedes creer lo que conoces.

Veamos ahora un último obstáculo para la oración que necesitamos reconocer: *descuidar la oración por completo*, ya sea por pura pereza o debido al ajetreo y las distracciones de la vida. Pereza y descuido son las peores razones para no orar. Ninguno quiere que Dios le llame *"siervo malo y perezoso"* (Mateo 25:26) con respecto a este propósito crucial para nuestra vida.

En la parábola del sembrador, Jesús habló sobre distracciones que pueden alejarnos de nuestras prioridades más importantes en la vida: *"El que recibió la semilla que cayó entre espinos es el que oye la palabra, pero las preocupaciones de esta vida y el engaño de las riquezas la ahogan, de modo que esta no llega a dar fruto"* (Mateo 13:22). Cuando una persona no quiere molestarse en orar porque siente que tiene cosas más importantes que hacer, o cuando permite que las muchas preocupaciones de esta vida ahoguen la práctica de la oración, entonces, cualquier cosa que sí sepa sobre la oración no dará ningún fruto en su vida.

Al concluir estos devocionales sobre los obstáculos para la oración, te aliento a que identifiques al menos un obstáculo que represente tu práctica actual de la oración. Entonces, da pasos conscientes para corregir eso aplicando la verdad de la Palabra de Dios.

Oremos juntos:

Padre celestial,

Te pedimos que nos ayudes a permanecer alerta a los obstáculos en nuestra vida que el enemigo quiere usar para destruir nuestro potencial en la oración. Ayúdanos a resistirlo mientras nos mantenemos firmes en nuestra fe. Que tu Espíritu Santo nos muestre dónde estamos siendo engañados en nuestras actitudes hacia la oración y la Palabra, para que podamos entender la oración verdadera y eficaz y ponerla en práctica. Te lo pedimos en el nombre de Jesús, quien resistió al enemigo mediante el poder de tu Palabra. Amén.

⁓

Pensamiento: La fe viene y aumenta a medida que oímos y creemos la Palabra y la ponemos en práctica.

Lectura: Marcos 4:13–20

—DÍA 59—

PECADO Y TEMOR

Si en mi corazón hubiera yo abrigado maldad, el Señor no me habría escuchado. —Salmos 66:18

Además de los obstáculos para la oración, hay también *estorbos para la oración*. Debemos abordar esos estorbos si queremos tener una verdadera comunión con Dios y recibir respuestas a nuestras oraciones. Quitar los estorbos en nuestra vida nos permitirá vivir en armonía con Dios y con los demás, y tener confianza en la oración. Aunque algunos de estos estorbos los mencionamos ya en devocionales anteriores, será útil repasarlos durante los próximos días.

En primer lugar, debemos reconocer *el impacto del pecado* en nuestra vida y las maneras en que es un estorbo. El pecado, como dice la Biblia, *"tanto abunda"* (Santiago 1:21), y nuestra naturaleza caída causa muchos problemas y malentendidos con respecto a nuestra fe, obediencia, y oraciones. Cuando hay pecado en tu vida, especialmente el pecado deliberado, y no estás obedeciendo la Palabra de Dios, Dios no te escuchará. No recibirás su favor. Isaías 59:2 nos dice: *"Son las iniquidades de ustedes las que los separan de su Dios. Son estos pecados los que lo llevan a ocultar su rostro para no escuchar"*. Sin embargo, cuando pecamos, 1 Juan 2:1 nos asegura: *"Pero, si alguno peca, tenemos ante el Padre a un intercesor, a Jesucristo, el Justo"*. Podemos ser perdonados y restaurados a una relación correcta con Dios por medio de Cristo.

El *temor* es un segundo estorbo importante que debemos vencer, porque con frecuencia evita que creamos que podemos acudir a Dios en oración. El versículo en 1 Juan 4:18 dice: *"En el amor no hay temor, sino que el perfecto amor echa fuera el temor, porque el temor lleva en sí castigo. Por lo tanto, el que teme, no ha sido perfeccionado en el amor"* (RVC). La idea de "castigo" en este versículo se refiere a que tenemos miedo de acercarnos a Dios porque creemos que Él podría recordar un pecado o fracaso nuestro. Tenemos miedo a pedir algo a Dios porque creemos que Él tiene algo contra nosotros. Eso nos estorba para tener libertad y confianza cuando oramos. Este tipo de temor bloqueará nuestra fe y, así, nuestras oraciones serán ineficaces.

La Biblia dice que *"el temor lleva en sí castigo"*. El temor te inmoviliza, y drena la energía de tu cuerpo. Es preocupación sin beneficio. Es fe en lo que podría ir mal en lugar de fe en lo que podría ir bien. Es creer lo que el diablo te está diciendo y lo que otras personas te están diciendo, en lugar de creer lo que Dios te está diciendo.

Cuando acudes delante de Dios, no importa cómo fue tu pasado, lo que hiciste ayer, o incluso lo que hiciste esta mañana que no fue agradable a Él. Si confiesas tu pecado ante Dios, apropiándote de la sangre de Jesús que limpia para purificarte de toda maldad (ver 1 Juan 1:9), entonces Él te perdonará y podrás acercarte a Él como si nunca hubieras pecado. No debe haber ningún temor en tus oraciones.

¡Ten ánimo! Dios quiere que vivas con la seguridad del perdón y que avances en su propósito con confianza.

Pensamiento: Quitar los estorbos en nuestra vida nos permitirá vivir en armonía con Dios y con los demás, y tener confianza en la oración.

Lectura: Hebreos 4:14–16

—— Día 60 ——
CULPA

Por lo tanto, ya no hay ninguna condenación para los que están unidos a Cristo Jesús. —Romanos 8:1

Otro estorbo significativo para la oración es la *culpa*. La culpa está relacionada con el temor a no ser perdonado. Algunas personas viven con una sensación constante de ser condenados por Dios; por lo tanto, siempre se sienten culpables. Por fortuna, Romanos 8:1–2 nos dice: "*Por lo tanto, ya no hay ninguna condenación para los que están unidos a Cristo Jesús, pues por medio de él la ley del Espíritu de vida me ha liberado de la ley del pecado y de* [su consecuencia] *la muerte*".

"*Ya no hay ninguna condenación*". Es crucial que entendamos esta verdad si queremos acercarnos a Dios en oración. Recuerdo que hablé en una reunión de oración acerca de la libertad de la condenación que tenemos en Cristo. Tras la reunión, alguien se acercó a mí y dijo: "Esa palabra fue muy importante para mí. Pensé que, porque había hecho algunas cosas terribles en mi vida, Dios ya no iba a usarme. Sentía que Dios no me querría como parte de su obra nunca más. Pedí perdón, pero necesitaba escuchar a Dios decir: 'Está bien. Eres perdonado'".

Dios ha perdonado y olvidado tu pecado si lo has confesado, te has arrepentido, y has creído que estás cubierto por la sangre de Jesús. Hebreos 8:12 registra que el Señor dijo: "*Perdonaré sus maldades y nunca más me acordaré de sus pecados*" (NTV).

¿Por qué batallamos con la culpa? A veces, la culpa proviene de la desconfianza. Si le has pedido a Dios que te perdone, Él te ha perdonado. Si sigues cargando con el pecado en tu corazón y tu mente, entonces dudas de que Dios te perdonó. Por eso la culpa regresa a la vida. El diablo usa esa culpa para minar tu fe; cuando oras, tu fe es débil, y por eso tus oraciones no reciben respuesta.

El Señor dice: *"Yo soy el que por amor a mí mismo borra tus transgresiones y no se acuerda más de tus pecados"* (Isaías 43:25). Dios decide no recordar tus pecados cuando han sido perdonados. Él no permite que se interpongan en el camino de tu relación con Él. Uno de mis profesores en la universidad solía decir: "Cuando pedimos perdón, Dios pone un pequeño cartel que dice: 'Prohibido pescar'". Dios ha echado tus pecados al mar del olvido (ver Miqueas 7:19). Lo importante acerca de este hecho es que, como Dios ha escogido olvidarlos, ¡no quiere que tampoco tú los recuerdes!

Si estás cargado con culpa por tu pasado, puedes entrar en la presencia de Dios sin sentirte condenado. No hay condenación para quienes están en Cristo Jesús porque Dios te ha perdonado por medio de Cristo. Si tienes pecado en tu vida en este momento, ponlo bajo la sangre de Jesús. Deja que Él eche tu pecado al mar del olvido para que así puedas tener poder en la oración con Dios.

⌒

Pensamiento: Acepta el perdón de Dios y acércate a Él de nuevo con una fe confiada.

Lectura: Miqueas 7:19

SENTIMIENTOS DE INFERIORIDAD

En amor nos predestinó para ser adoptados como hijos suyos
por medio de Jesucristo, según el buen propósito de su volun-
tad.   —Efesios 1:4–5

Los *sentimientos de inferioridad* también impedirán la eficacia de la oración. Lo que las personas piensan de sí mismas desempeña un papel importante en cómo se acercan a Dios. Algunas personas no creen que son dignas de recibir respuestas a sus oraciones. Cuando tienes una mala opinión de ti mismo, se debe a que no conoces la verdadera opinión que tiene Dios sobre ti, la cual revela en su Palabra. Si es así como te sientes, este es un estorbo crucial que debes vencer para que no sabotee tu vida de oración. No puedes orar con eficacia si te avergüenzas de ti mismo y no crees que mereces recibir lo que le estás pidiendo a Dios.

El primer capítulo de Efesios es un pasaje maravilloso que describe lo que Dios siente verdaderamente acerca de nosotros. Fue una bendición especial para mí cuando era adolescente.

En amor [Dios] **nos predestinó para ser adoptados como** **hijos suyos** *por medio de Jesucristo, según el buen propósito de su voluntad, para alabanza de su gloriosa gracia, que nos concedió en su Amado. En él tenemos la redención mediante su sangre, el perdón de nuestros pecados, conforme a las riquezas de la gracia que Dios nos dio en abundancia con toda sabiduría y entendimiento. Él nos hizo conocer el misterio de su voluntad conforme al buen propósito que de antemano estableció en Cristo, para llevarlo a cabo cuando se cumpliera el tiempo, esto es, reunir en él todas las cosas, tanto las del cielo*

*como las de la tierra. En Cristo también fuimos **hechos here-**
deros".   (Efesios 1:4–11)

Tú fuiste escogido en Cristo mucho tiempo antes de que la tierra fuera creada. Dios te ama tanto, que ha derramado su amor sobre ti. Una mala opinión de ti mismo no viene de Dios sino del enemigo, quien no quiere que entiendas que, si Dios te amó tanto que entregó lo mejor que tenía, entonces tu valor para Él debe ser incalculable.

Cuando te evalúas correctamente a ti mismo como hija o hijo de Dios redimido, no acudes a la oración como alguien que está mendigando. En cambio, presentas tu caso con confianza. La oración no es intentar conseguir que Dios haga algo por ti logrando que sienta lástima por ti. Es acudir a Él sabiendo que no solo mereces lo que pides debido a la justicia de Cristo, sino que también tienes derecho a ello porque está basado en su Palabra.

Somos los hijos de Dios, y tenemos que acercarnos a Él como sus hijos: *"Nos hizo aceptos en el Amado"* (Efesios 1:6, rvc). Recuerda que Dios te amó desde antes de la fundación del mundo. Cuando estabas alejado de Él por el pecado, Él envió a su Hijo a morir por ti. Él te ha hecho digno en Cristo Jesús. Te ha hecho ser coheredero con su Hijo; por lo tanto, vive y ora en consonancia.

⌒

Pensamiento: No puedes *ser* quien eres si no *sabes* quién eres. Eres hijo de Dios.

Lectura: Efesios 2:4–7

—Día 62—
DUDA Y MOTIVOS INCORRECTOS

Pero que pida con fe, sin dudar... Y, cuando piden, no reciben porque piden con malas intenciones ["porque pedís mal", RVR 60], para satisfacer sus propias pasiones.
—Santiago 1:6; 4:3

La *duda* es otro estorbo importante para la oración contestada. Repasemos el siguiente pasaje del libro de Santiago:

Si a alguno de ustedes le falta sabiduría, pídasela a Dios, y él se la dará, pues Dios da a todos generosamente sin menospreciar a nadie. Pero que pida con fe, sin dudar, porque quien duda es como las olas del mar, agitadas y llevadas de un lado a otro por el viento. Quien es así no piense que va a recibir cosa alguna del Señor; es indeciso e inconstante en todo lo que hace. (Santiago 1:5–8)

Dudar es hacer un gran alboroto delante de Dios acerca de lo que quieres que Él haga y, entonces, cuando la oración termina, no creer ni una sola palabra que dijiste. Es estar en una reunión de oración y decir; "Dios, creo en ti", y después salir de allí balbuceando: "No estoy seguro acerca de lo que oramos". Muestras que no crees cuando no esperas una respuesta ni organizas nada para recibirla.

La Escritura nos dice que debemos creer. *"Y si alguno de vosotros tiene falta de sabiduría, pídala a Dios, el cual da a todos abundantemente y sin reproche, y le será dada. Pero pida con fe, no dudando nada"* (Santiago 1:5–6, RVR 60). En lugar de dudar, confiemos en la generosidad y bondad de Dios, poniendo nuestra fe en su carácter y su Palabra.

La Biblia también dice que, si nuestros *motivos son incorrectos*, nuestras oraciones serán estorbadas. *"Y, cuando piden, no reciben porque piden con malas intenciones* ["pedís mal", RVR 60], *para satisfacer sus propias pasiones"* (Santiago 4:3). ¿Cuáles son tus motivos para orar? ¿Estás pidiendo algo a Dios solo para poder promover tu propio ego o por otros propósitos egoístas? ¿O estás pidiendo a Dios que cumpla su Palabra para que su reino venga a la tierra?

Dios sabe que tenemos necesidades, y no es equivocado pedir que Él las satisfaga basándonos en su Palabra. Jesús dijo: *"Su Padre sabe lo que ustedes necesitan antes de que se lo pidan"* (Mateo 6:8). Sin embargo, nuestro enfoque principal debería ser honrar a Dios y promover sus propósitos. Cuando tenemos bien establecidas nuestras prioridades, podemos confiar en que Él suplirá nuestras necesidades diarias. Como Jesús nos exhortó:

> *Así que no se preocupen diciendo: "¿Qué comeremos?" o "¿Qué beberemos?" o "¿Con qué nos vestiremos?" Los paganos andan tras todas estas cosas, pero el Padre celestial sabe que ustedes las necesitan. Más bien, busquen primeramente el reino de Dios y su justicia, y todas estas cosas les serán añadidas".*
>
> (versículos 31–33)

Por lo tanto, cuando ores, comprueba cuáles son tus motivos para orar. Pide a Dios que te perdone por cualquier motivo erróneo que puedas tener, y te capacite para desarrollar los motivos correctos mediante la obra del Espíritu Santo en tu vida. *"Porque Dios es el que produce en ustedes lo mismo el querer como el hacer, por su buena voluntad"* (Filipenses 2:13, RVC).

⌒

Pensamiento: En lugar de dudar, confiemos en la generosidad y bondad de Dios, poniendo nuestra fe en su carácter y su Palabra.

Lectura: Proverbios 3:5–6

—Día 63—
AMARGURA Y FALTA DE PERDÓN

Abandonen toda amargura, ira y enojo, gritos y calumnias, y toda forma de malicia. —Efesios 4:31

La *amargura* es peligrosa, especialmente como estorbo para la oración. Con frecuencia indica un odio escondido. Estar amargado significa guardar algo contra alguien y no soltar a esa persona mediante el perdón. Te haces más daño a ti mismo que a la persona contra quien estás amargado. Cuando te aferras a la amargura, llega hasta la fuente misma de tu vida y la seca. No solo estarás debilitado espiritualmente, sino que también comenzarás a marchitarte mentalmente, socialmente, y físicamente. Es como un cáncer.

¿Cómo afecta la amargura tu vida de oración? Recuerda que la Biblia dice: *"Si en mi corazón hubiese yo mirado a la iniquidad, el Señor no me habría escuchado"* (Salmos 66:18, RVR 60). La amargura es iniquidad. Dios aborrece la iniquidad más que el pecado, si es que es posible una distinción entre ambos. La iniquidad es un tipo especial de pecado. La palabra hebrea para iniquidad es *avon*, que significa perversidad o maldad moral. Cualquier rebelión contra Dios se considera pecado; sin embargo, la iniquidad es un tipo de pecado feroz que Dios dice específicamente que aborrece. En Hebreos 1:9 leemos: *"Has amado la justicia, y aborrecido la maldad [iniquidad]"* (RVR 60). La palabra griega para *"iniquidad"* en este versículo es *anomia*, que significa impiedad o una ofensa contra la ley.

La amargura es un pecado especialmente horrible que puede arraigarse profundamente. *"Tengan cuidado. No vayan a perderse la gracia de Dios; no dejen brotar ninguna **raíz de amargura**,*

136

pues podría estorbarles y hacer que muchos se contaminen con ella" (Hebreos 12:15, RVC). Para guardarnos contra este pecado y evitar que nuestras oraciones sean estorbadas, necesitamos mantener un corazón limpio y transparente delante de Dios y de los hombres.

Igual que la amargura, la *falta de perdón* será un estorbo para tus oraciones bloqueando tu relación con Dios y con otras personas. Marcos 11:25 dice: *"Y cuando estén orando, si tienen algo contra alguien, perdónenlo, para que también su Padre que está en el cielo les perdone a ustedes sus pecados".*

La falta de perdón puede ser una presencia subyacente en nuestra vida, incluso cuando no nos damos cuenta de que estamos albergándola en nuestro corazón. ¿Has perdonado a quien te hace enojar cada vez que piensas en él o ella? ¿Y si es un miembro de la iglesia que te hizo daño, o un amigo que te sigue debiendo dinero? ¿Y alguien en el trabajo que te ofendió, alguien con quien sigues enojado después de tres semanas, seis meses, o incluso diez años? ¿Y si es un exesposo, exesposa, o exnovio o novia? Esas cosas pueden bloquear tu vida de oración porque estás nutriendo un espíritu no perdonador. La Biblia dice: *"Enójense, pero no pequen; reconcíliense antes de que el sol se ponga, y no den lugar al diablo"* (Efesios 4:26–27, RVC). La falta de perdón no refleja el carácter de Cristo, y demuestra ingratitud por el inmenso perdón que Dios nos ha mostrado. Jesús dejó muy claro este punto en la parábola del siervo no perdonador en Mateo 18:23–25. Tienes que resolver los asuntos de falta de perdón en tu vida si quieres que Dios escuche tus oraciones.

⌒

Pensamiento: Para guardarte contra la amargura, mantén un corazón transparente y limpio delante de Dios y de los hombres.

Lectura: Lucas 23:33–34

— DÍA 64 —
RELACIONES FAMILIARES ROTAS E IDOLATRÍA

Si es posible, y en cuanto dependa de ustedes, vivan en paz con todos.   —Romanos 12:18

Las *relaciones rotas* en el hogar, entre un esposo y su esposa, por ejemplo, también estorbarán las oraciones. En 1 Pedro 3:7 leemos: *"De igual manera, ustedes esposos, sean comprensivos en su vida conyugal, tratando cada uno a su esposa con respeto, ya que como mujer es más delicada, y ambos son herederos del grato don de la vida. Así nada estorbará las oraciones de ustedes"*. Pedro estaba diciendo: "Esposos, traten a sus esposas con comprensión, y no permitan que haya ninguna hostilidad entre ustedes, para que sus oraciones no sean estorbadas".

Aunque estaba hablando concretamente a los esposos, el mismo principio puede aplicarse a las relaciones entre los miembros de la familia, ya que la ley del perdón se aplica a todos. Como creyentes, tenemos al Espíritu de Dios que habita en nosotros; por lo tanto, debemos demostrar la naturaleza de Dios los unos a los otros. Leemos en Salmos 103:8–10: *"El Señor es clemente y compasivo, lento para la ira y grande en amor. No sostiene para siempre su querella ni guarda rencor eternamente. No nos trata conforme a nuestros pecados ni nos paga según nuestras maldades"*. Si no demostramos el amor, la compasión, el perdón y la gracia de Dios a otros, lo estamos representando mal a Él. ¿Cómo podemos pedirle que cumpla sus propósitos respondiendo nuestras oraciones cuando estamos quebrantando esos mismos propósitos por el modo en que tratamos a otros?

Otro estorbo para la oración es *servir a "ídolos"* en nuestra vida. Ezequiel 14:3 dice: *"Hijo de hombre, en lo íntimo de su corazón estos hombres adoran a los ídolos. ¡En la cara se les ve el tropiezo de su maldad! ¿Y todavía he de permitir que vengan a consultarme?"* (RVC). En este versículo tan aleccionador, Dios está diciendo: "No responderé sus oraciones si ustedes adoran a los ídolos". No está hablando de estatuas; se refiere a los ídolos del corazón. Debemos tener cuidado de no levantar ídolos en nuestra vida, por sutiles que puedan ser.

Tu televisor o tu teléfono celular pueden ser un ídolo. Tu auto o tu ropa pueden ser un ídolo. Si estás casado, tu esposa y tus hijos pueden ser ídolos. Si no estás casado, tu novio o novia puede ser un ídolo. Tu reputación puede ser un ídolo. Un ídolo es cualquier cosa a la que damos una mayor prioridad que a Dios.

El apartar a Dios de su posición legítima en nuestra vida puede producirse gradualmente, sin que ni siquiera nos demos cuenta. Tenemos que examinar nuestra vida para ver lo que es más importante para nosotros, cuáles son nuestras prioridades, y cómo estamos empleando nuestro tiempo. Dios merece todo nuestro amor, respeto, y devoción. *"Ama al Señor tu Dios con todo tu corazón y con toda tu alma y con todas tus fuerzas"* (Deuteronomio 6:5).

⌒

Pensamiento: Si no demostramos el amor, la compasión, el perdón y la gracia de Dios a otros, lo estamos representando mal a Él.

Lectura: 1 Pedro 3:1–12

—Día 65—
UN CORAZÓN POCO GENEROSO

Despojémonos del lastre que nos estorba, en especial del pecado que nos asedia. —Hebreos 12:1

Hoy veremos una última área que puede estorbar nuestras oraciones: tener *un corazón poco generoso.* Proverbios 21:13 dice: *"El que cierra su oído al clamor del pobre, también él clamará y no recibirá respuesta"* (NBLA). Dios nos está diciendo que, si somos tacaños, eso puede evitar que nuestras oraciones sean escuchadas. ¿Cómo podemos pedir a Dios que provea para nuestras necesidades cuando no nos importan las necesidades de quienes son menos afortunados que nosotros? Sin embargo, si somos compasivos y generosos, si somos dadores, podemos tener la seguridad de que nuestras oraciones serán respondidas. *"El que es generoso prospera; el que reanima será reanimado"* (Proverbios 11:25). *"El que es generoso será bendecido, pues comparte su comida con los pobres"* (Proverbios 22:9).

Además, cuando somos generosos hacia Dios, Él promete proveer para nosotros en abundancia:

Traigan íntegro el diezmo para los fondos del templo, y así habrá alimento en mi casa. Pruébenme en esto —dice el Señor Todopoderoso—, y vean si no abro las compuertas del cielo y derramo sobre ustedes bendición hasta que sobreabunde.

(Malaquías 3:10)

Hebreos 12:1 dice: *"Despojémonos **del lastre que nos estorba**, en especial del pecado que nos asedia, y corramos con perseverancia la carrera que tenemos por delante".* Decidamos, mediante la gracia de Dios, eliminar todo estorbo de nuestra vida para así poder vivir en armonía con Dios y con los demás, y tener confianza y eficacia en la oración.

Oremos juntos:

Padre celestial,

Como dice tu Palabra, cargamos con lastre que nos estorba espiritualmente y emocionalmente, y nos enredamos en el pecado con mucha facilidad. Esas cargas evitan que tengamos una relación gozosa e inquebrantable contigo y con nuestros familiares, amigos, compañeros de trabajo, y otras personas. Te pedimos que nos permitas comprender verdaderamente quiénes somos en tu Hijo Jesucristo. Ayúdanos a quitar cada uno de los estorbos que hay en nuestra vida para así poder vivir libremente como tus hijos y poder orar en armonía con tu voluntad y tus propósitos para el mundo. Te lo pedimos en el nombre de Jesús, que es quien lleva nuestras cargas, y que ha cargado nuestros pecados y angustias, nos ha sanado por sus heridas, y cuyo sufrimiento por nosotros nos ha dado paz contigo, según Isaías 54:4–5. Amén.

Pensamiento: ¿Cómo podemos pedir a Dios que provea para nuestras necesidades cuando no nos importan las necesidades de quienes son menos afortunados que nosotros?

Lectura: Malaquías 3:7–11

EL PODER DE LA PALABRA

El mensaje de la cruz es ciertamente una locura para los que se pierden, pero para los que se salvan, es decir, para nosotros, es poder de Dios. —1 Corintios 1:18 (RVC)

No debemos olvidar nunca las verdaderas fuentes de poder que están detrás de la oración: la Palabra de Dios, el nombre de Jesús, y la morada del Espíritu Santo. Durante el resto de este devocional, examinaremos con mayor profundidad estas fuentes de poder.

Dios quiere usar su poder en el mundo; sin embargo, para que pueda hacerlo por medio de nosotros, antes debemos comprender cómo apropiarnos de su Palabra. Hemos aprendido que el corazón de la oración es pedir a Dios que intervenga en el mundo para cumplir sus propósitos eternos para la humanidad. En este libro devocional ha estado entretejido el principio de que hemos de orar a Dios *sobre la base de su Palabra*: la revelación de quién es Él, cuál es su voluntad, y lo que Él ha prometido.

Como hemos visto, la clave para la oración eficaz es comprender el propósito de Dios para nuestra vida, como seres humanos en general y como individuos específicamente. De este modo, la voluntad de Dios puede convertirse en la autoridad de nuestras oraciones. La verdadera oración es declarar lo que Dios ya se ha propuesto y ha predestinado: el establecimiento de sus planes para la tierra. Eso significa que, cualquier cosa que pidamos a Dios que haga en nuestra vida, en las vidas de otros, o en el mundo, debe estar basado en su voluntad. El propósito de Dios debe ser la motivación y también el contenido de nuestras oraciones. Así, *el propósito de Dios es la "materia prima" de la oración.*

Mediante la Palabra de Dios es como podemos conocer, creer, y ponernos de acuerdo en fe con la voluntad de Dios. Sin su Palabra, nuestras oraciones no tienen fundamento; estarán basadas meramente en nuestras opiniones, deseos, y sentimientos en lugar de basarse en *"la palabra de Dios que vive y permanece"* (1 Pedro 1:23). Tales oraciones no tienen poder para efectuar un cambio; sin embargo, todo el poder de Dios está a disposición de la oración verdadera.

La oración es en realidad muy sencilla. Es declararle a Dios su Palabra exactamente como Él nos la dio. No hay diferencia entre lo que Dios dio a las personas en la Biblia como la base para sus oraciones eficaces y lo que se nos da a nosotros para trabajar con ello. Ellos confiaban en lo que Dios ha dado a la humanidad: su Palabra.

Como Dios ya nos ha dado su Palabra, nuestra tarea es aprender a manejarla adecuadamente y con responsabilidad (ver 2 Timoteo 2:15). Debido a que recibimos la misma materia prima para la oración que otros creyentes han recibido, nuestra eficacia o ineficacia en la oración tiene que ver frecuentemente con cómo manejamos la Palabra de Dios. El modo en que usamos lo que Dios nos ha dado es lo que puede marcar la diferencia entre la oración contestada y no contestada. Podemos usar correctamente la Palabra de Dios solo cuando entendemos qué es y cómo aplicarla. Exploraremos estos temas en los próximos días.

⌒

Pensamiento: La oración es en realidad muy sencilla. Es declararle a Dios su Palabra exactamente como Él nos la dio.

Lectura: 2 Timoteo 3:16–17

DIOS HABLA MEDIANTE LA PALABRA

Cuando ustedes recibieron la palabra de Dios… no la recibie-
ron como mera palabra humana sino como lo que es, como la
palabra de Dios.   —1 Tesalonicenses 2:13 (RVC)

Para entender el poder de la Palabra de Dios en la oración, antes debemos reconocer que *Dios mismo habla en la Palabra*, porque la Palabra es quien Él es: *"En el principio ya existía la Palabra. La Palabra estaba con Dios, y **Dios mismo era la Palabra**"* (Juan 1:1, RVC). Por lo tanto, la presencia de Dios se convierte en parte de nuestras oraciones cuando declaramos su Palabra en fe.

En 1 Reyes 19 leemos que Elías no encontró a Dios en el viento, el terremoto o el fuego, sino en *"un suave murmullo"* (versículo 12). Mientras que muchas personas quieren ver una manifestación del poder de Dios, no comprenden que su Palabra es el fundamento de ese poder; *que el poder es solo un reflejo de la grandeza de Dios mismo.* Fue su *"suave murmullo"* lo que estaba detrás de las fuerzas de la naturaleza que vio Elías. El poder de la Palabra de Dios es tan grande que, si nuestra fe tiene el tamaño de un grano de mostaza, puede mover montañas (ver Mateo 17:20).

En segundo lugar, *la Palabra revela la naturaleza de Dios*; y es su naturaleza la que refleja su voluntad. Todo lo que Dios dice es una revelación de su carácter y sus propósitos. Repito que Él y su Palabra no pueden separarse. Por eso, el cumplimiento de su Palabra por parte de Dios es un asunto de integridad personal para Él.

La pregunta para nosotros es la siguiente: ¿cómo responderemos a lo que revela la Palabra acerca del carácter de Dios? Números 23:19 dice: *"Dios no es hombre, para que mienta, ni hijo de hombre*

para que se arrepienta. Él dijo, ¿y no hará? Habló, ¿y no lo ejecutará?".
¿Creemos que Dios es honorable y que cumplirá su Palabra? Un principio cardinal de la oración contestada es la creencia en la confiabilidad de Aquel a quien oramos. El poder de tus oraciones depende de ello. La Palabra obrará en tu vida solo si la crees:

> *Por eso también nosotros siempre damos gracias a Dios de que, cuando ustedes recibieron la palabra de Dios que nosotros les predicamos, no la recibieron como mera palabra humana sino como lo que es, como la palabra de Dios,* **la cual actúa en ustedes los creyentes.**   (1 Tesalonicenses 2:13)

¿Qué demuestras acerca de tu creencia (o incredulidad) en Dios? Si Dios promete algo, pero tú no crees que sucederá, es como si le dijeras: "No tengo confianza en ti". Puede que pienses: "Ah, pero yo nunca le diría eso a Dios". Sin embargo, tal vez le estás diciendo eso todo el tiempo al no creer en su Palabra.

Tu creencia es evidencia de que confías en Dios. Él no se impresiona por cuántos versículos puedas citar o cuán largas sean tus oraciones. Él es movido y convencido cuando crees lo que Él te ha dicho, y cuando lo demuestras actuando en consonancia. *Creencia es confianza en acción.*

⌐⌐

Pensamiento: Un principio cardinal de la oración contestada es la creencia en la confiabilidad de Aquel a quien oramos.

Lectura: Juan 1:1–4

—Día 68—
LA PALABRA ESTÁ VIVA

Ciertamente, la palabra de Dios es viva y poderosa, y más cortante que cualquier espada de dos filos. —Hebreos 4:12

Hay poder en la Palabra porque no es solamente conocimiento y hechos para nosotros; es vida en sí:

> *Mediten bien en todo lo que les he declarado solemnemente este día, y díganles a sus hijos que obedezcan fielmente todas las palabras de esta ley. Porque no son palabras vanas para ustedes, sino que de ellas depende su vida.*
> (Deuteronomio 32:46–47)

> *El Espíritu da vida; la carne no vale para nada. Las palabras que les he hablado son espíritu y son vida.* (Juan 6:63)

> *Ciertamente, la palabra de Dios es viva y poderosa, y más cortante que cualquier espada de dos filos. Penetra hasta lo más profundo del alma y del espíritu, hasta la médula de los huesos, y juzga los pensamientos y las intenciones del corazón.* (Hebreos 4:12)

La Palabra está viva, ¡ese poder tiene! ¿Qué usó Dios para crear el mundo? *"La Palabra estaba en el principio con Dios. Por ella fueron hechas todas las cosas. Sin ella nada fue hecho de lo que ha sido hecho"* (Juan 1:2–3, RVC).

¿Qué dio Dios a Moisés que lo hizo tan exitoso? *"Cuando el Señor vio que Moisés se acercaba a mirar, lo llamó desde la zarza: —¡Moisés, Moisés! —Aquí me tienes —respondió"* (Éxodo 3:4; ver también versículos 5–10).

¿Qué dio Dios a Ezequiel para convertirlo en un profeta poderoso? Cincuenta veces en el libro de Ezequiel, el profeta dijo: *"La palabra del Señor vino a mí"* (ver, por ejemplo, Ezequiel 3:16; 6:1; 12:1).

¿Qué envió Dios al mundo para redimirlo? *"Y la Palabra se hizo carne, y habitó entre nosotros, y vimos su gloria (la gloria que corresponde al unigénito del Padre), llena de gracia y de verdad"* (Juan 1:14, RVC).

¿Qué dio Jesús a sus discípulos para salvación y santificación? *"De cierto, de cierto les digo: El que oye mi palabra, y cree al que me envió, tiene vida eterna; y no será condenado, sino que ha pasado de muerte a vida"* (Juan 5:24, RVC). *"Ustedes ya están limpios por la palabra que les he comunicado"* (Juan 15:3). *"Santifícalos en la verdad; tu palabra es la verdad"* (Juan 17:17).

¿Qué usaron los discípulos para continuar el ministerio de Jesús en la tierra?

> *Ahora, Señor, toma en cuenta sus amenazas **y concede a tus siervos el proclamar tu palabra** sin temor alguno… Después de haber orado, tembló el lugar en que estaban reunidos; todos fueron llenos del Espíritu Santo, **y proclamaban la palabra de Dios sin temor alguno.*** (Hechos 4:29, 31)

La Palabra está viva y es eficaz por nosotros. Probablemente, nadie citó la Escritura más que Jesús. Cuando fue tentado por el diablo en el desierto, ¿qué hizo? Cada vez, le dio al diablo la Palabra de Dios, diciendo: *"Escrito está"* (Mateo 4:4, 7, 10). Jesús conocía tan bien la Palabra, que no fue engañado cuando el enemigo la torció (ver versículo 6). Dios está alerta para que se cumpla su Palabra (ver Jeremías 1:12). Por eso, cuando Jesús declaró la Palabra en fe, Dios la cumplió, y Cristo venció la tentación.

Pensamiento: La Palabra está viva, ¡ese poder tiene!

Lectura: Mateo 4:1–11

—Día 69—

PERMANECER EN LA PALABRA

Yo soy la vid y ustedes son las ramas. El que permanece en mí, como yo en él, dará mucho fruto; separados de mí no pueden ustedes hacer nada.   —Juan 15:5

Si quieres verdaderamente que la Palabra obre poderosamente en tu vida, tienes que asegurarte de que está en tu interior. Jesús dijo: *"Si permanecen en mí y mis palabras permanecen en ustedes, pidan lo que quieran, y se les concederá"* (Juan 15:7). Tal vez has leído este versículo y lo has puesto a prueba, pero no funcionó. Quizá ya ni siquiera te molestas en intentar aplicar este versículo a tu vida; es solamente un versículo que te suena bien. Sin embargo, Cristo nos estaba dando la clave del éxito. ¿Cuál es la primera palabra en el versículo? *"Si"*. Nos gusta la parte de *"se les concederá"*, pero a menudo olvidamos el *"si"*.

Hay dos condiciones para la oración contestada: *"Si permanecen en mí"* y *"si… mis palabras permanecen en ustedes"*. En primer lugar, ¿qué significa para ti permanecer en Jesús? Significa fluir constantemente en comunión espiritual con Él. Hacemos eso teniendo comunión con Él y adorándolo, al orar y ayunar.

En segundo lugar, ¿qué significa que sus palabras permanezcan o vivan en ti? Así es como puedes probar si la Palabra está en ti o no: ¿qué es lo primero que sale por tu boca cuando estás bajo presión? ¿Es una afirmación de fe? ¿O es temor, confusión, frustración, duda, o enojo? Sabemos que la Palabra está verdaderamente en nuestro interior cuando dirige nuestros pensamientos y nuestras acciones.

No puedes lograr que la Palabra esté en ti si la mantienes en un estante en tu casa. No puedes conseguir que la Palabra esté en tu espíritu si la dejas debajo de tu almohada en la noche y esperas absorberla por ósmosis. Ni siquiera puedes lograr que la Palabra esté en ti si escuchas a alguien que la predica. La predicación solamente aviva la fe. Necesitas tener ya la Palabra en tu interior. Tienes que leer la Palabra y meditar en ella regularmente.

Jesús nos dio la condición: *"si… mis palabras permanecen en ustedes"*, de modo que la última parte del versículo que tiene que ver con la oración pudiera cumplirse en nosotros: *"pidan lo que quieran, y se les concederá"*. Si sus palabras están en ti, entonces lo que deseas y pides reflejará esas palabras. ¿Recuerdas la conexión? Si estás lleno de la Palabra, entonces no pedirás cualquier cosa que te agrade. Pedirás sobre la base de su Palabra, que es lo que Él está atento para que se cumpla.

Dios cumple su Palabra, y nada más. No cumple tus sugerencias o tus sentimientos; por lo tanto, si no le llevas a Él su Palabra, no podrás experimentar el *"se les concederá"*. Demasiadas veces pensamos que la frase *"pidan lo que quieran"* significa que podemos pedir cualquier cosa. Sin embargo, Cristo estaba diciendo en efecto: "Si mi Palabra permanece en ustedes, entonces pueden pedir lo que está en ustedes, y se les concederá". Ese es el poder de la Palabra.

⌒

Pensamiento: Si las palabras de Jesús están en ti, entonces lo que deseas y pides reflejará esas palabras.

Lectura: Juan 15:5–8

—Día 70—
LA PALABRA EDIFICA FE

No solo de pan vive el hombre, sino de toda palabra que sale de la boca de Dios.
                                            —Mateo 4:4

La Palabra de Dios es nuestra fuente de poder en la oración porque produce en nosotros lo que agrada a Dios y hace que Él responda a nuestras peticiones: *fe*. Como ya hemos visto, la Palabra de Dios es la fuente de toda fe. *"Así que la fe viene como resultado de oír el mensaje, y el mensaje que se oye es la palabra de Cristo"* (Romanos 10:17). *"Por la fe entendemos que el universo fue formado por la palabra de Dios, de modo que lo visible no provino de lo que se ve"* (Hebreos 11:3). Fe es el resultado de permanecer en la Palabra de Dios. Cuando vivimos y practicamos la Palabra de Dios en nuestra vida, se convierte en poder para nosotros.

Por el resto de tu vida, tu meta debería ser edificar tu fe, porque la Biblia deja claro que vivimos por fe: *"el justo vivirá por su fe"* (Habacuc 2:4; ver también Romanos 1:17; Gálatas 3:11; Hebreos 10:38). Vivimos por fe, no por vista (ver 2 Corintios 5:7).

He sido crucificado con Cristo, y ya no vivo yo, sino que Cristo vive en mí. Lo que ahora vivo en el cuerpo, lo vivo por la fe en el Hijo de Dios, quien me amó y dio su vida por mí.

                                            (Gálatas 2:20)

Tienes que trabajar en esto llamado fe: fe en Dios y en su Palabra. Jesús dijo: *"Escrito está: 'No solo de pan vive el hombre, sino de toda palabra que sale de la boca de Dios'"* (Mateo 4:4). Tu fe necesita ser alimentada. Necesita alimentarse de la Palabra si quieres ser sostenido espiritualmente. Alimenta tu fe llenándola con la Palabra de Dios, y entonces asegúrate de actuar en consonancia con esa Palabra. Eso es muy importante. La palabra del hombre es lo que el hombre es; la Palabra de Dios es lo que Dios es. Si quieres vivir como un hijo o una hija de Dios, entonces tienes que creer su Palabra.

Tener fe significa tener una convicción total con respecto a las promesas de Dios para el hombre. Creer a Dios es simplemente tomar su Palabra tal como es, haciendo peticiones basadas en su Palabra, y después actuar como si poseyeras la garantía de lo que Él ha prometido. Recuerda que es mejor, más seguro, más sano, y más razonable vivir por fe que vivir por duda o por ilusiones. Las personas que viven por duda e ilusiones experimentan mayor presión arterial, frustración, tensión, y enojo. Están enojados con el mundo porque no pueden ver nada más allá de su débil esperanza. Sin embargo, cuando vives por fe, desafiarás la comprensión del mundo. Tendrás paz y gozo incluso cuando experimentes situaciones difíciles. Como Jesús durante la tempestad en el mar, ¡podrás estar dormido en medio de una tormenta! (ver Marcos 4:35–41).

Pensamiento: La Palabra de Dios es el fundamento de su poder. Su poder es un reflejo de su grandeza.

Lectura: Hebreos 11:8–12

—Día 71—

DIOS OBRA PARA TU BIEN

Si Dios está de nuestra parte, ¿quién puede estar en contra nuestra? —Romanos 8:31

Yo nunca uso ya la palabra *problemas*. ¿Por qué? Es porque entiendo que todo en el mundo está bajo el mandato de Dios, el diablo incluido. Por eso, la Biblia dice: *"Ahora bien, sabemos que Dios dispone todas las cosas para el bien de quienes lo aman, los que han sido llamados de acuerdo con su propósito"* (Romanos 8:28). Todo obra para mi bien, sea lo que sea, porque soy llamado de acuerdo al propósito y la voluntad de Dios.

Es la voluntad de Dios que viva confiadamente en el conocimiento de que Dios *"llama las cosas que no son como si ya existieran"* (Romanos 4:17). Si vivo solo por lo que veo, estoy viviendo en pecado. *"Y todo lo que no proviene de fe, es pecado"* (Romanos 14:23, RVR 60). Hay muchos de esos pecadores en la iglesia, personas que están en rebelión contra la voluntad de Dios porque viven solamente por lo que ven. La fe crece y aumenta por una sola cosa: la Palabra de Dios.

Dios ha prometido ciertas cosas, y todas sus promesas son ya *"sí"* (ver 2 Corintios 1:18–20). En otras palabras, Él quiere darte todo lo que Él prometió. Algunas de las promesas en la Biblia fueron dichas a una persona específica o a un grupo de personas; sin embargo, la Biblia indica que Jesús hizo accesibles sus promesas a todo el mundo. *"Todas las promesas que ha hecho Dios son «sí» en Cristo"* (2 Corintios 1:20). Jesús hizo que el contrato, el cual Dios dio a una persona o grupo específicos, fuera el contrato de todos. Sin embargo, tienes que estar calificado del mismo modo que ellos tuvieron que calificarse: usando tu fe. Cuando conoces la promesa, no tienes que decir: "Si es la voluntad de Dios". Por eso, orar la Palabra es tan importante.

Si tienes fe en la Palabra de Dios, Dios tomará lo que es "imposible" y hará que parezca algo común y corriente. Tu circunstancia de "problemas" emociona a Dios, porque Él sabe que ahora tienes que apoyarte en la fe, la cual te permitirá recibir sus promesas. Los sueños de Dios están siempre en contraste con tus dificultades. Dios sabe cómo son las cosas para ti, y te da la promesa antes de la bendición para que, cuando llegue, sepas que vino de Él.

Todo lo que yo tengo, lo he recibido mediante la oración. Cuando oras la Palabra de Dios en fe, cosas que han estado atadas comenzarán a abrirse de repente. Dirás: "¡Pero he estado intentando lograr eso por diez años!". Sí, pero hasta ahora no habías orado en consonancia con la Palabra de Dios y habías confiado en la fidelidad de Dios. La fe abrirá puertas que incluso el trabajo duro no puede abrir. Dios dice que, si crees, Él te dará lo mejor de la tierra (ver Génesis 45:18).

⌒

Pensamiento: Cuando oras la Palabra de Dios en fe, cosas que han estado atadas comenzarán a abrirse de repente.

Lectura: 1 Pedro 5:6–7

DECLARAR LAS PALABRAS DE DIOS

Les escribo estas cosas a ustedes que creen en el nombre del Hijo de Dios, para que sepan que tienen vida eterna.

—1 Juan 5:13

Veamos el que podría considerarse el pasaje definitivo sobre la oración. Primera de Juan 5:13–15 reúne todo lo que hemos estado mencionando en este devocional. Comienza diciendo: *"Les escribo estas cosas a ustedes que creen en el nombre del Hijo de Dios…"* (versículo 13). ¿Se aplica a ti este versículo? Si crees en el nombre del Hijo de Dios, sí se aplica. El pasaje continúa: *"… para que sepan que tienen vida eterna"* (versículo 13). Juan estaba diciendo: "Les escribo estas cosas para que puedan saber que están conectados a Dios". Entonces dijo: *"Esta es la confianza que tenemos al acercarnos a Dios…"* (versículo 14). ¿Cuál es esa confianza? *"Que, si pedimos conforme a su voluntad, él nos oye"* (versículo 14).

Aquí está otra vez ese *"si"* condicional: *"Si pedimos conforme a su voluntad…"*. La Palabra de Dios es su voluntad. Su Palabra es su deseo, su deseo es su intención, y su intención es su propósito. *"Si pedimos conforme a su voluntad, él nos oye"*. Puedes estar seguro de que Dios siempre escucha tus oraciones, el cien por ciento de las veces, cuando oras conforme a su voluntad. ¿A quién escucha Dios cuando ora su Palabra? Se escucha a sí mismo. Dios escuchará cuando oye las palabras que Él mismo ha hablado.

¿Hay algo más importante en la oración que Dios nos escuche? El pasaje nos dice lo que sucede cuando eso tiene lugar: *"Y, si sabemos que Dios oye todas nuestras oraciones, podemos estar seguros de que ya **tenemos** lo que le hemos pedido"* (1 Juan 5:15).

El plan de Dios para tu vida es incluso mayor que tu propio plan; sin embargo, para entrar en ese plan tienes que creer en él y afirmarlo por lo que dices. La razón por la cual la vida de Jesús fue tan exitosa es que Él no declaraba sus propias palabras, sino que declaraba las palabras de Dios.

Yo no he hablado por mi propia cuenta; el Padre que me envió me ordenó qué decir y cómo decirlo. Y sé muy bien que su mandato es vida eterna. Así que todo lo que digo es lo que el Padre me ha ordenado decir. (Juan 12:49–50)

Las palabras que yo les hablo, no las hablo por mi propia cuenta, sino que el Padre, que vive en mí, es quien hace las obras. (Juan 14:10)

¿Necesitamos algo más claro que eso? Es el secreto para vivir una vida de fe victoriosa. Fue una clave importante del poder de Jesús en la tierra. Jesucristo no se inventó palabras que decir; siempre oraba a Dios lo que Dios había dicho primero. ¿Por qué? De nuevo, es porque Dios está atento a que se cumpla su Palabra. Las obras de Jesús eran las obras del Padre porque sus palabras eran las palabras del Padre. Sus milagros eran los milagros del Padre porque sus palabras eran las palabras del Padre. Él sabía quién era, lo que creía y qué decir, y esa combinación le dio la victoria en la tierra.

Lo mismo puede ser cierto de nosotros si seguimos su ejemplo.

⌣

Pensamiento: Declarar las palabras del Padre era el secreto principal del poder de Jesús.

Lectura: Juan 12:44–50

—Día 73—
LA PALABRA TESTIFICA DE LA ORACIÓN

De hecho, todo lo que se escribió en el pasado se escribió para enseñarnos, a fin de que, alentados por las Escrituras, perseveremos en mantener nuestra esperanza.   —Romanos 15:4

La Biblia edifica fe y, por lo tanto, da poder, porque es el Libro más extraordinario jamás escrito que testifica de que Dios responde las oraciones llenas de fe de su pueblo. Hebreos 11:1–2 dice que *"los antiguos"* fueron aprobados por el hecho de que no vivieron por lo que podían ver sino por lo que Dios les había dicho. Ellos lo creyeron y actuaron en consonancia, y funcionó.

Los hombres y las mujeres de la Biblia no eran súper santos. Eran personas como nosotros. Recibieron respuestas a la oración cuando pusieron su fe en Dios, confiando en su carácter y en su Palabra. La Biblia lo deja muy claro:

Elías era un hombre con debilidades como las nuestras. Con fervor oró que no lloviera, y no llovió sobre la tierra durante tres años y medio. Volvió a orar, y el cielo dio su lluvia y la tierra produjo sus frutos.   (Santiago 5:17–18)

Mediante los poderosos ejemplos de creyentes en la Biblia es como se nos alienta a tener fe en que Dios puede intervenir y lo hará por nosotros. A continuación, tenemos algunos ejemplos:

Un sirviente (el sirviente principal de Abraham) y un rey (Salomón) pidieron sabiduría, y Dios se la dio en ambos casos (ver Génesis 24:1–27; 1 Reyes 3:4–14).

Ana pidió a Dios bendición y liberación de su angustia, y Dios le concedió su petición (ver 1 Samuel 1:1–20).

Moisés y Daniel intercedieron por la nación de Israel, y Dios escuchó y respondió en su misericordia (ver Éxodo 32:1–14; Daniel 9).

Nehemías oró por la restauración de Jerusalén, y se le concedió favor y protección en su obra para reconstruir los muros (ver el libro de Nehemías).

Pablo y Cornelio recibieron conocimiento con respecto al camino de salvación después de haber orado (ver Hechos 9:1–20, especialmente el versículo 11; Hechos 10).

Jesús en su bautismo (ver Lucas 3:21–22) y los discípulos en Pentecostés (ver Hechos 1:14; 2:1–4) recibieron el Espíritu Santo después de la oración.

Pedro y Juan recibieron revelación y perspectiva mientras estaban orando (ver Hechos 10:9–15; 11:1–18; Apocalipsis 1:9–11).

Pablo y Silas fueron liberados de la cárcel después de orar y cantar alabanzas a Dios (ver Hechos 16:16–34).

Sabemos por leer acerca de las vidas de estos creyentes que muchos de ellos batallaron con dudas, tenían tendencia a los errores y los fracasos, y tuvieron que aprender mediante la experiencia; sin embargo, también vemos la fidelidad y el amor de Dios al enseñarles sus caminos, acudir en su ayuda, y fortalecerlos para los propósitos que Él tenía en mente para ellos. La Biblia está llena de historias del poder de Dios para salvar, sanar y bendecir. Estos relatos son los fieles mensajes de Dios para nosotros, diciéndonos que Él también intervendrá por nosotros. Somos sus hijos amados; hemos sido redimidos por su Hijo, y estamos siendo preparados para gobernar y reinar con Él en la eternidad.

Pensamiento: Los hombres y las mujeres de la Biblia recibieron respuestas a la oración cuando pusieron su fe en Dios, confiando en su carácter y en su Palabra.

Lectura: Santiago 5:13–18

—— DÍA 74 ——

LA PALABRA NOS PREPARA PARA
LA ORACIÓN

*Me alegro en tu palabra como alguien que descubre un gran
tesoro.*   —Salmos 119:162 (NTV)

La Palabra de Dios da poder capacitándonos para prepararnos
para la oración y mantener la comunión con Dios. El Salmo 119
nos dice que, cuando abrazamos sinceramente la Palabra, mantendrá nuestras vidas en consonancia con la voluntad de Dios, de
modo que nada impedirá que andemos en sus caminos y recibamos
respuestas a nuestras oraciones: *"Dichosos los que guardan sus esta-
tutos y de todo corazón lo buscan. Jamás hacen nada malo, sino que
siguen los caminos de Dios… En mi corazón atesoro tus dichos para no
pecar contra ti"* (versículos 2–3, 11).

Necesitamos ofrecer nuestra vida como sacrificio vivo a Dios
cada día para así poder tener una comunión continua con Él. *"Que
se presenten ustedes mismos como un sacrificio vivo, santo y agradable
a Dios. ¡Así es como se debe adorar a Dios!"* (Romanos 12:1, RVC).
Entonces, a medida que nuestra mente es transformada por la
lectura y la meditación de la Palabra, conoceremos la voluntad de
Dios, y oraremos con confianza y eficacia:

> *No se amolden al mundo actual, sino sean transformados
> mediante la renovación de su mente. Así podrán comprobar
> cuál es la voluntad de Dios, buena, agradable y perfecta.*
> (Romanos 12:2)

¡Qué regalo tan extraordinario es la Palabra de Dios para
nosotros! Nos da el poder de conocer y hacer la voluntad de Dios,
el poder de orar con certeza y valentía en todas las situaciones, y

el poder de saber que Dios nos oye cuando oramos conforme a su voluntad. *"Y, si sabemos que Dios oye todas nuestras oraciones, podemos estar seguros de que ya tenemos lo que le hemos pedido"* (1 Juan 5:15).

Oremos juntos:

Padre celestial,

En Mateo 13:23 Jesús dijo que quienes oyen la Palabra y la reciben, quienes permiten que penetre en sus corazones, son como buena tierra. Sin embargo, el poder está en la Palabra. Es la Palabra la que dará buen fruto en nosotros y saltará en nosotros para vida eterna. Te pedimos que cumplas tu Palabra en nuestras vidas. Haz que seamos buena tierra que dé buen fruto. Tu Palabra ha causado que creamos que tú respondes la oración ofrecida en fe y conforme a tu voluntad. Nos ponemos de acuerdo contigo en que, todo aquello por lo que oramos, recibirá un "sí". Esperaremos y nos prepararemos para la respuesta. Danos la confianza de saber que, si tú lo dijiste, lo harás; si lo prometiste, sucederá. Gracias por tu Palabra. Gracias por la fe que tú nos has dado. Ayúdanos a esperar un milagro. Te lo pedimos en el nombre de Jesús, nuestro Sumo Sacerdote, que está sentado a tu diestra e intercede por nosotros. Amén.

⌒

Pensamiento: ¡Qué regalo tan extraordinario es la Palabra de Dios para nosotros!

Lectura: Salmos 119:1–16

——DÍA 75——

EL PODER DEL NOMBRE DE JESÚS

En ningún otro hay salvación, porque no hay bajo el cielo otro nombre dado a los hombres mediante el cual podamos ser salvos. —Hechos 4:12 (NTV)

"No hay bajo el cielo otro nombre dado a los hombres..." Uno de los elementos más importantes de la oración eficaz es usar el nombre de Jesús. En conjunto con la oración conforme a la Palabra, orar en el nombre de Jesús da a nuestras oraciones un poder tremendo. Sin embargo, debemos poder usar legalmente la autoridad que hay detrás del nombre de Jesús a fin de obtener resultados en la oración.

Muchos creyentes no reciben respuestas a sus oraciones porque entienden erróneamente lo que significa orar en el nombre de Jesús. Tenemos tendencia a pensar que podemos hacer cualquier tipo de oración y después decir: "En el nombre de Jesús, amén", creyendo que esa frase por sí sola es lo que hace que nuestras oraciones sean eficaces ante Dios. No funciona de ese modo. No deberíamos intentar dignificar o santificar nuestras oraciones meramente al añadir el nombre de Jesús al final de ellas. Recuerda que el nombre de Jesús no es una fórmula mágica o contraseña que garantiza una aceptación automática de todas nuestras oraciones. Cuando la Biblia dice que debemos orar en el nombre de Jesús, no se refiere a la palabra J-e-s-ú-s como tal, porque eso es solamente la palabra en español para el nombre del Hijo de Dios; otros idiomas traducen su nombre utilizando otras palabras diferentes. No es la palabra en sí, sino lo que representa el nombre, lo que marca la diferencia.

Por lo tanto, no somos eficaces en la oración simplemente por usar la palabra *Jesús*, sino al entender la importancia de quién es Él realmente y apropiarnos su poder mediante la fe en su nombre. Vemos una clara demostración de esta verdad en el relato de los hijos de Esceva en el libro de Hechos:

> *Algunos judíos que andaban expulsando espíritus malignos intentaron invocar sobre los endemoniados el nombre del Señor Jesús. Decían: «¡En el nombre de Jesús, a quien Pablo predica, les ordeno que salgan!» Esto lo hacían siete hijos de un tal Esceva, que era uno de los jefes de los sacerdotes judíos. Un día el espíritu maligno les replicó: «Conozco a Jesús, y sé quién es Pablo, pero ustedes ¿quiénes son?» Y abalanzándose sobre ellos, el hombre que tenía el espíritu maligno los dominó a todos. Los maltrató con tanta violencia que huyeron de la casa desnudos y heridos. Cuando se enteraron los judíos y los griegos que vivían en Éfeso, el temor se apoderó de todos ellos, y el nombre del Señor Jesús era glorificado.*
>
> (Hechos 19:13–17)

Esta historia revela que alguien puede usar el nombre de *Jesús* todo lo que quiera, pero aun así no tendrá ninguna autoridad sobre el diablo si (1) no tiene una relación correcta con Cristo, y (2) no entiende cómo usar el nombre de Jesús. ¿Estás orando basándote en la justicia de Cristo, o en tus propios méritos? ¿Entiendes quién es Jesús, y crees en su autoridad y poder? No sirve de nada orar en el nombre de Jesús sin saber quién es Él y orar en fe conforme a ese conocimiento.

Pensamiento: Debemos poder usar legalmente la autoridad que hay detrás del nombre de Jesús a fin de obtener resultados en la oración.

Lectura: Lucas 10:1–20

—Día 76—

NUESTROS DERECHOS DE PACTO

Mas a todos los que le recibieron, a los que creen en su nombre,
les dio potestad de ser hechos hijos de Dios.

—Juan 1:12 (RVR 60)

Dios no nos debe nada. No podemos reclamarle nada fuera de la obra de gracia que Cristo realizó a favor nuestro. Cristo nos redimió de nuestros pecados, o iniquidades (ver Efesios 1:7). Cuando pecas, estás haciendo algo ilegal. De modo similar, alguien que no conoce a Dios, o que no tiene una relación correcta con Dios a través de Cristo, legalmente no puede hacer tratos con Dios; sin embargo, gracias a Jesús, nuestros pecados pueden ser perdonados. Él canceló nuestros pecados mediante su sacrificio en la cruz y nos libró del poder del pecado, así que ahora podemos tener acceso legal a Dios mediante su nombre. Nadie puede reclamar poder mediante el nombre de Jesús sin tener una posición oficial como hijo de Dios. *"Mas a todos los que le recibieron, a los que creen en su nombre, les dio potestad de ser hechos hijos de Dios"* (Juan 1:12, RVR 60).

La autoridad que tenemos en el nombre de Jesús mediante la oración es una autoridad de pacto; está basada en nuestra relación de pacto con Dios a través de Cristo. *"Pero el servicio sacerdotal que Jesús ha recibido es superior al de ellos* [los sacerdotes de Israel], *así como el pacto del cual es mediador es superior al antiguo, puesto que se basa en mejores promesas"* (Hebreos 8:6). Podemos orar a Dios directamente en el nombre de Jesús porque Él nos ha dado autoridad para hacerlo sobre la base del nuevo pacto. Siete veces en el Nuevo Testamento hizo Jesús una afirmación parecida a la siguiente, dándonos el derecho legal a usar su nombre ante Dios:

En aquel día ya no me preguntarán nada. Ciertamente les ase-
guro que mi Padre les dará todo lo que le pidan en mi nombre.
Hasta ahora no han pedido nada en mi nombre. Pidan y reci-
birán, para que su alegría sea completa. «Les he dicho todo
esto por medio de comparaciones, pero viene la hora en que ya
no les hablaré así, sino que les hablaré claramente acerca de mi
Padre. En aquel día pedirán en mi nombre. Y no digo que voy
a rogar por ustedes al Padre, ya que el Padre mismo los ama
porque me han amado y han creído que yo he venido de parte
de Dios».   (Juan 16:23–27)

Por lo tanto, la fortaleza de las oraciones hechas en el nombre
de Jesús es una autoridad de pacto. Oramos al Padre sobre la base
de nuestra relación con Cristo, que es Señor sobre el nuevo pacto.
Filipenses 2:10 dice: *"Para que ante el nombre de Jesús se doble toda
rodilla en el cielo y en la tierra y debajo de la tierra"*. Debido a que
Cristo nos restauró para que tuviéramos una relación y derechos
tanto con Dios como con la tierra, su nombre es nuestra autoridad
legal, ya sea que estemos tratando con el *"cielo"* (con Dios), con la
"tierra" (con los hombres), o con el que está *"debajo de la tierra"* (con
Satanás).

En esencia, el nombre de Jesús es nuestra autoridad legal para
hacer tratos espirituales con Dios. *"Porque hay un solo Dios y un
solo mediador entre Dios y los hombres, Jesucristo hombre, quien dio
su vida como rescate por todos. Este testimonio Dios lo ha dado a su
debido tiempo"* (1 Timoteo 2:5–6).

Pensamiento: La autoridad que tenemos en el nombre de Jesús es
una autoridad de pacto basada en la relación de pacto que tenemos
con Dios a través de Cristo.

Lectura: Juan 3:16–18

—— DÍA 77 ——

¿QUÉ HAY EN SU NOMBRE?

¡No hay nadie como tú, Señor! ¡Grande eres tú, y grande y poderoso es tu nombre! —Jeremías 10:6

Para entender el poder del nombre de Jesús, tenemos que ser conscientes del énfasis que hace la Biblia en el significado de los nombres. En las Escrituras, el nombre de alguien por lo general simbolizaba la esencia de su naturaleza. Representaba los atributos colectivos y las características de la persona: su naturaleza, poder y gloria.

Por ejemplo, Dios le dio a Adán el privilegio de poner nombre a Eva: de encapsular los atributos de Eva. Adán en verdad puso nombre a Eva dos veces, la primera vez como una descripción de su origen, y la segunda vez como una descripción de la persona en la que se convertiría al cumplir su propósito. Primero dijo: «*Esta sí es hueso de mis huesos y carne de mi carne. Se llamará "mujer" porque del hombre fue sacada*» (Génesis 2:23). Más adelante, la Biblia dice: *"El hombre llamó Eva a su mujer, porque ella sería la madre de todo ser viviente"* (Génesis 3:20). La palabra hebrea para Eva es *chavvah*, que significa "dadora de vida". Su nombre describe la esencia de su naturaleza como madre de la humanidad.

A veces, Dios *cambiaba* los nombres de su pueblo para que reflejaran las promesas que les había hecho y los propósitos que tenía para ellos, que iban más allá de sus propias expectativas o las de sus padres.

En Génesis 17:4–5 el nombre de Abram, que significa "padre exaltado" o "padre alto", se cambió por el de Abraham, que significa "padre de multitudes", reflejando la promesa: *"Es un hecho que*

Abraham se convertirá en una nación grande y poderosa, y en él serán bendecidas todas las naciones de la tierra" (Génesis 18:18).

En Génesis 32:27–28 el nombre de Jacob, que significa "suplantador", fue cambiado por el de Israel, que significa "reinará como Dios" o "príncipe de Dios". Esto reflejaba el hecho de que la gran nación de Israel vendría de su linaje, la nación que había de ser la representante terrenal de Dios siendo *"un reino de sacerdotes y una nación santa"* (Éxodo 19:6).

En Juan 1:42 Jesús cambió el nombre de Simón, que se derivaba de una palabra hebrea que significa "oír", por el de Cefas, que significa "una roca" o "una piedra". La traducción española de esta palabra es "Pedro". El nuevo nombre de Pedro significaba su papel a la hora de establecer y liderar a la iglesia en su primera etapa (ver Mateo 16:18).

¿Por qué pone Dios tanto énfasis en los nombres de las personas? Es porque la humanidad está hecha a su imagen, y Él le da mucha importancia a su propio nombre. Usando nuestra anterior definición, el nombre de Dios simboliza la esencia de su naturaleza. Representa sus atributos colectivos y las características de su nombre: su naturaleza, poder y gloria. La razón principal por la cual se nos manda no usar el nombre de Dios en vano (ver Éxodo 20:7) es que su nombre no solo *representa* quién es Él, sino que también *es* quién es Él.

⌒

Pensamiento: En la Biblia, el nombre de una persona simbolizaba la esencia de su naturaleza.

Lectura: Malaquías 1:11

—DÍA 78—

"YO SOY ME HA ENVIADO"

—Yo Soy El Que Soy —respondió Dios a Moisés—. Y esto es lo que tienes que decirles a los israelitas: "Yo Soy me ha enviado a ustedes. —Éxodo 3:14

Dios reveló verdades tremendas sobre su nombre a Moisés:

Pero Moisés insistió: —Supongamos que me presento ante los israelitas y les digo: "El Dios de sus antepasados me ha enviado a ustedes". ¿Qué les respondo si me preguntan: "¿Y cómo se llama?"? —Yo soy el que soy —respondió Dios a Moisés—. Y esto es lo que tienes que decirles a los israelitas: "Yo soy me ha enviado a ustedes". Además, Dios le dijo a Moisés: —Diles esto a los israelitas: "El Señor, el Dios de sus antepasados, el Dios de Abraham, de Isaac y de Jacob, me ha enviado a ustedes. Este es mi nombre eterno; este es mi nombre por todas las generaciones". (Éxodo 3:13–15)

El Señor estaba diciendo: "Yo *soy* mi nombre. Me llamo como todo lo que yo soy". Cuando traducimos este concepto al español, es algo así: "Mi nombre es cualquier cosa que yo sea en el momento en que me encuentre". Esto se debe a que Dios es nuestro todo suficiente, y su nombre varía dependiendo de cuál sea nuestra necesidad en un momento dado. Esa es la razón por la que se le atribuyen muchos nombres a Dios en el Antiguo Testamento; sin embargo, el nombre dominante de Dios, Yo Soy, engloba toda su naturaleza y sus atributos.

En efecto, Dios nos está diciendo, "Si necesitas pan, ora diciendo: ¡Padre, tú eres mi pan! Cuando reconoces que yo soy tu Proveedor y tu Sustento, entonces me convierto en tu Pan. Si estás sediento, di: ¡Padre, tú eres mi Agua! Yo manifiesto la característica de cualquier cosa que necesites".

Además, al llamarse *"el Dios de Abraham, de Isaac y de Jacob"* (Éxodo 3:15), el Señor afirma que es un Dios personal que suple las necesidades humanas individuales. Él es el Dios de personas reales: Abraham, Isaac y Jacob. Del mismo modo, Él desea ser tu Dios y suplir tus necesidades individuales, sin importar cuáles sean.

Vivir por fe a veces significa declarar lo que nos parece ser lo más extraño. Por ejemplo, la Biblia dice: *"Diga el débil: Fuerte soy"* (Joel 3:10 RVR 60). Somos débiles, pero Dios nos dice que proclamemos lo contrario. Él dice: "Pide mi fuerza. Llámame Jehová Omnipotente". No nos está diciendo que solamente usemos su nombre; nos está pidiendo que entendamos su naturaleza y que nos apropiemos de ella por fe. La naturaleza de Dios no es ser débil. Si estás experimentando debilidad, debes clamar al Señor tu Fuerza (ver Salmos 18:1). Si estás experimentando pobreza, debes clamar a Jehová Jiré, tu Proveedor (ver Génesis 22:8). Si tu cuerpo está enfermo, tienes que clamar a Jehová Rafá, el Dios que sana (ver Éxodo 15:26). Dios nos está diciendo que no pensemos en el problema, sino en su atributo que trata el problema. Como Él es el Yo Soy, sus atributos son tan numerosos como tus necesidades, ¡y muchos más!

Pensamiento: Dios dice, básicamente: "Yo *soy* mi nombre. Todo lo que soy, así me llamo".

Lectura: Miqueas 4:5

—DÍA 79—
LOS NOMBRES DE JESÚS

Ciertamente les aseguro que, antes de que Abraham naciera,
¡yo soy!   —Juan 8:58

¿Cuál es la conexión entre el énfasis que hace la Biblia en los significados de los nombres, especialmente el nombre de Dios, con orar en el nombre de Jesús? Como el nombre de una persona representa sus atributos y características colectivas, los nombres de la segunda persona de la Trinidad se refieren a todo lo que Él es, como el Hijo de Dios y como el Hijo del Hombre: toda su naturaleza, poder y gloria.

Jesucristo es la revelación de Dios en forma humana. Como Él es totalmente divino y totalmente humano, se le atribuye una gran variedad de nombres, al igual que su Padre. Por ejemplo, en el Antiguo Testamento, algunos de sus nombres son *"Simiente"* (Génesis 3:15, RVR 60), *"Renuevo"* (Zacarías 6:12) y *"Emanuel* ["Dios con nosotros"]" (Isaías 7:14). En el Nuevo Testamento, el Hijo tiene muchas designaciones, pero la primera que nos encontramos es el nombre *Jesús.*

El nombre *Jesús* significa "Salvador". A Jesús se le llamó Salvador porque vino a la tierra como un ser humano para conseguir la salvación del mundo. *"Dará a luz un hijo, y le pondrás por nombre Jesús, porque él salvará a su pueblo de sus pecados"* (Mateo 1:21). Por lo tanto, *Jesús* es el nombre de Cristo en su humanidad, como el Hijo del Hombre. Sin embargo, *Yo Soy* es el nombre de Cristo en su divinidad, como el Hijo de Dios. *"Ciertamente les aseguro que, antes de que Abraham naciera, ¡yo soy!"* (Juan 8:58).

En una ocasión, Jesús dijo: *"Yo soy el pan de vida"* (Juan 6:35). No mucho después, dijo que Él también era el agua de vida: *"¡Si alguno tiene sed, que venga a mí y beba!"* (Juan 7:37). Se refirió a sí mismo como *"el camino, la verdad y la vida"* (Juan 14:6) porque nos capacita para tener acceso al Padre y recibir vida espiritual. Se llamó a sí mismo *"la vid verdadera"* (Juan 15:1) porque solo permaneciendo en Él podemos llevar fruto espiritual. Al igual que con Dios el Padre, los atributos que Jesús manifiesta revelan su gloria y se corresponden con las necesidades de su pueblo.

¿Qué llevó a Jesús a decirle a Marta: *"Yo soy la resurrección y la vida. El que cree en mí vivirá, aunque muera; y todo el que vive y cree en mí no morirá jamás"* (Juan 11:25–26)? Fue confrontado con la realidad de la muerte de su hermano Lázaro. El nombre de Jesús trató esa necesidad que surgió, y resucitó a Lázaro de los muertos.

Esta es la clave: *Si queremos que Dios supla nuestra necesidad cuando oramos "en el nombre de Jesús", debemos orar basados en su nombre divino que suple la necesidad concreta de ese momento.* Así es como encontramos respuesta a nuestras oraciones. No recibimos respuestas a nuestras oraciones solamente diciendo el nombre de Jesús, sino clamando a su naturaleza y sus atributos, los cuales pueden suplir la necesidad que tengamos.

Pensamiento: Si queremos que Dios supla nuestra necesidad cuando oramos "en el nombre de Jesús", debemos orar basados en el nombre divino que supla nuestra necesidad en particular.

Lectura: Juan 11:1–45

— Día 80 —

PODERES NOTARIALES

Ciertamente les aseguro que mi Padre les dará todo lo que le pidan en mi nombre. —Juan 16:23

Legalmente, cuando se concede un poder notarial a alguien, significa que se nombra a esa persona como representante. Das a la persona el derecho y la autoridad legal de hablar por ti y hacer tratos en tu nombre. Orar en el nombre de Jesús es darle "poder notarial" para interceder en tu lugar cuando haces peticiones al Padre. Jesús dijo:

En aquel día ya no me preguntarán nada. Ciertamente les aseguro que mi Padre les dará todo lo que le pidan en mi nombre. Hasta ahora no han pedido nada en mi nombre. Pidan y recibirán, para que su alegría sea completa.
(Juan 16:23–24)

Cuando Cristo Jesús estaba en la tierra, sus discípulos no tenían necesidad de orar al Padre. Cuando necesitaban comida, Jesús la proveía. Cuando la suegra de Pedro estuvo enferma, Jesús la sanó. Cuando tuvieron que pagar impuestos, Jesús suplió el dinero. Cuando necesitaron un lugar para reunirse, Jesús ya había hecho los preparativos para ello. Cuando estaban con Jesús, tenían todo lo que necesitaban. Si querían algo, se lo pedían a Él directamente. Sin embargo, Jesús iba a regresar al Padre, y ya no podrían pedirle nada a Él directamente. Tendrían que orar al Padre, y Jesús les indicó que lo hicieran en su nombre. ¿Por qué? Es porque el Padre obra a través de Cristo.

Jesús ahora está trabajando activamente por nosotros desde su posición a la diestra del Padre (ver, por ejemplo, Romanos 8:34). Él está representando nuestros intereses ante Dios: *"Por eso también puede salvar por completo a los que por medio de él se acercan a Dios, ya que vive siempre para interceder por ellos"* (Hebreos 7:25). Él está dando gloria al Padre al cumplir las oraciones que hacemos conforme a la Palabra.

Además de hablar a sus discípulos sobre orar en su nombre, Jesús les habló sobre el Espíritu Santo porque el Espíritu continúa el ministerio de Jesús en la tierra. *"Si ustedes me aman, obedecerán mis mandamientos. Y yo le pediré al Padre, y él les dará otro Consolador para que los acompañe siempre: el Espíritu de verdad"* (Juan 14:15–17). Jesús estaba diciendo, en realidad: "Voy al Padre, pero les enviaré el Espíritu Santo. Él será su Consolador. Él les ayudará a ejercer de poder notarial capacitándolos para orar. Él les ayudará a presentar sus casos al Padre en mi nombre".

A lo largo y ancho del Antiguo Testamento encontramos referencias a la obra del Espíritu Santo. Uno de los temas repetidos es que, cuando no sabemos por qué deberíamos orar, el Espíritu Santo nos ayuda en nuestra debilidad:

Así mismo, en nuestra debilidad el Espíritu acude a ayudarnos. No sabemos qué pedir, pero el Espíritu mismo intercede por nosotros con gemidos que no pueden expresarse con palabras. Y Dios, que examina los corazones, sabe cuál es la intención del Espíritu, porque el Espíritu intercede por los creyentes conforme a la voluntad de Dios. (Romanos 8:26–27)

Cuando ores en el nombre de Jesús, piensa en Jesús como tu poder notarial, y confía en la intercesión del Espíritu Santo al realizar tus peticiones.

⌒

Pensamiento: El Espíritu Santo continúa el ministerio de Jesús en la tierra, incluyendo ayudarnos en oración cuando no sabemos cómo orar.

Lectura: Judas 1:20–21

EL NOMBRE DE JESÚS ES LA CLAVE PARA EL CIELO

Por eso Dios lo exaltó hasta lo sumo y le otorgó el nombre que está sobre todo nombre. —Filipenses 2:9

Una de las cosas que Jesús enfatizó es que *"el Padre ama al Hijo"* (Juan 3:35; 5:20). Esta es una verdad crucial de la oración, porque si el Padre ama al Hijo, entonces el Padre hará todo lo que quiera el Hijo. Si el Padre ama al Hijo y hace lo que el Hijo le pide, y si el Hijo te está representando a ti, entonces no tienes que preocuparte porque tu caso sea escuchado. Por eso es esencial que reclames el poder notarial de Jesús cuando ores.

Si quieres hacer tratos con el Padre, no intentes acudir sin el nombre de Jesús, porque *su nombre es la clave para el cielo.* Jesús no dijo que escribiéramos los nombres de algunas personas buenas para que nos ayudaran en nuestros casos al orar. ¿Por qué iba a querer alguien la ayuda de esas personas cuando tenemos al Hijo? Marta, María, Lucas, Felipe, Juan, Santiago y muchos otros fueron creyentes fieles; sin embargo, cuando Pedro se encontró con el hombre en la puerta que se llama la Hermosa, lo sanó en el nombre de Jesús, no en el nombre de los creyentes. Él dijo, en efecto: "No tengo ni oro ni plata. Lo único que tengo es un nombre, *el* nombre, y voy a hacer negocios con el cielo. El Padre está obrando, y ya te veo sanado. Por lo tanto, voy a traer a la tierra lo que veo en el cielo; pero tengo que hacerlo a través del canal legal" (ver Hechos 3:1–8). Nadie excepto Jesús puede ser nuestro canal legal al Padre.

Podemos apreciar a los líderes religiosos del mundo en el presente y en la historia; sin embargo, Jesús dijo que, si queremos hacer negocios con el Padre, solo debemos acudir en su nombre. La

Biblia dice: *"Porque no hay bajo el cielo otro nombre dado a los hombres mediante el cual podamos ser salvos"* (Hechos 4:12). Nuestras leyes dicen que la persona cuyo nombre está en el documento como poder notarial es la única persona que puede representarnos legalmente. Según la Palabra de Dios, Jesús es el único que puede hablar por ti: *"Porque hay un solo Dios y un solo mediador entre Dios y los hombres, Jesucristo hombre"* (1 Timoteo 2:5). Las Escrituras también dicen:

> *Por eso Dios lo exaltó hasta lo sumo y le otorgó el nombre que está sobre todo nombre, para que ante el nombre de Jesús se doble toda rodilla en el cielo y en la tierra y debajo de la tierra, y toda lengua confiese que Jesucristo es el Señor, para gloria de Dios Padre.* (Filipenses 2:9–11)

El nombre de Jesús es poder en el cielo, y toda lengua finalmente confesará que Jesús es el Señor, Señor de todo. Esta verdad es la base sobre la cual tenemos que cumplir la Gran Comisión, hablando a otros sobre el poder del nombre de Jesús para salvar y liberar (ver Mateo 28:18–19). Como actuó basándose en la autoridad de Cristo, dice el libro de los Hechos que el apóstol Pablo, además de los demás apóstoles, *"había predicado con libertad en el nombre de Jesús"* (Hechos 9:27). El valor y la osadía que necesitamos para hacer discípulos a todas las naciones provienen de la autoridad que se nos ha dado en el nombre de Jesús.

Pensamiento: Nadie, excepto Jesús, puede ser nuestro canal legal al Padre.

Lectura: Mateo 28:18–19

— DÍA 82 —
INVOCA EL NOMBRE

A los que han sido santificados en Cristo Jesús y llamados a ser su santo pueblo, junto con todos los que en todas partes invocan el nombre de nuestro Señor Jesucristo, Señor de ellos y de nosotros. —1 Corintios 1:2

La Biblia dice: *"Torre inexpugnable es el nombre del Señor; a ella corren los justos y se ponen a salvo"* (Proverbios 18:10). Tal vez has estado orando por algo durante mucho tiempo. Pregúntate hoy: "¿He orado en el nombre de Jesús sin pensar en lo que realmente significa el nombre?". Si necesitas sanidad, usa el nombre de Jesús como nunca lo hayas hecho, aplicando su nombre específicamente a tu situación. Quizá necesitas liberación de malos hábitos. Para romper esas cadenas, debes usar el poder de su nombre.

No hay otro nombre mediante el que debiéramos hacer nuestras peticiones a Dios el Padre salvo el nombre de Jesús. Debemos usar lo que Él nos ha provisto cuando pedimos al Padre que manifieste su poder en nuestra vida y en las vidas de otros: la capacidad de hacer nuestras peticiones basados en la naturaleza y los atributos de Dios, y la autoridad para orar en el nombre de Jesús. Siempre que estés en una situación difícil, en lugar de tener miedo, ansiedad o ira, corre al nombre de Señor en oración e invócalo como tu Salvador y tu Justicia, y como tu Protector y Defensor.

"Estos confían en sus carros de guerra, aquellos confían en sus corceles, pero nosotros confiamos en el nombre del Señor nuestro Dios" (Salmos 20:7). Sea lo que sea que necesites, invócalo a Él para que satisfaga esa necesidad sobre la base de quién es Él. Recuerda que, como Él es el Yo Soy, sus atributos son tan numerosos como tus necesidades. Él es Salvador, Sanador, Fortalecedor,

Libertad, Gozo, Sabiduría, Bondad, Amistad, Dador de visiones, Sustentador, Pagador de rentas, el que hace crecer los negocios, y mucho más.

Invoca el nombre del Señor.

Oremos juntos:

Padre celestial,

Como dice Salmos 8:1: *"¡Qué imponente es tu nombre en toda la tierra!"*. Tu Palabra dice que, en el nombre de Jesús, toda rodilla se doblará y toda lengua confesará que Jesús es Señor, sobre todo. Jesús dijo que, si pedimos cualquier cosa en su nombre, tú lo harás. Sabemos que no podemos pedir en el nombre de Jesús a menos que pidamos algo que sea conforme a tu voluntad. Sin embargo, también sabemos que, cuando pedimos en el nombre de tu Hijo, Él presentará nuestras peticiones a ti adecuadamente. Él orará conforme a tu voluntad. Él orará por nosotros cuando no sepamos qué decir. Él defenderá nuestro caso. Por lo tanto, Señor, pedimos que se haga tu voluntad. No hay otro nombre mediante el que hagamos nuestras peticiones sino en el nombre de Jesús. Invocamos el poder de su nombre para que suplas todas nuestras necesidades. Oramos en el nombre de Jesús, cuyo nombre es sobre todo nombre. ¡Amén!

Pensamiento: El nombre de Jesús es el único nombre que puede activar poder en el cielo.

Lectura: Salmo 8

EL PODER DEL AYUNO

Pero tú, cuando ayunes, perfúmate la cabeza y lávate la cara para que no sea evidente ante los demás que estás ayunando, sino solo ante tu Padre, que está en lo secreto; y tu Padre, que ve lo que se hace en secreto, te recompensará.

—Mateo 6:17–18

La oración y el ayuno son partes iguales de un solo ministerio. En Mateo 6:5–6, Jesús dijo: *"Cuando oren…"*. No dijo, "Si oran", sino *"Cuando oren"*. En el mismo pasaje, dijo: *"Cuando ayunen…"* (versículos 16, 17).

Así como la oración no es opcional para el creyente, el ayuno tampoco es opcional. Es una expectativa natural de Dios para su pueblo.[7] Cristo nos está diciendo: "Si me aman, orarán y ayunarán". Hay veces en las que el Espíritu Santo se moverá en una persona o grupo de personas y les dará sobrenaturalmente el deseo de ayunar. Sin embargo, la mayoría de las veces ayunar es un acto de nuestra fe y de nuestra voluntad. Es una decisión que tomamos sobre la base de nuestro amor por Cristo y nuestra obediencia a Él.

En el Antiguo Testamento, la palabra hebrea para ayunar es *tsum*, que significa "cubrir la boca". En el Nuevo Testamento, la palabra griega es *nesteuo*, que significa "abstenerse de alimento". Un ayuno es una decisión consciente e intencional de abstenerse durante un tiempo del placer de comer *para obtener beneficios espirituales vitales.*

Todos los grandes santos de la Biblia ayunaron. Moisés, David, Nehemías, Jeremías, Daniel, Ana, Pablo, Pedro, e incluso

---

7. Estas son pautas bíblicas generales. Si tienes alguna enfermedad médica o problemas especiales de salud o de medicación, sé sabio y consulta a tu médico antes de ayunar.

Jesús mismo ayunaron. ¿Alguna vez te has dicho a ti mismo algo parecido a esto? "Me gustaría tener la fe de Josué, que hizo que se detuviera el sol". "Me gustaría ser como Pedro, que su sombra caía sobre las personas y se sanaban". "Me gustaría ser como Juan, que recibió el Apocalipsis de parte de Dios". Admiramos a estos creyentes, pero a menudo no nos damos cuenta de por qué se manifestó en sus vidas ese poder espiritual. Fue porque se comprometieron con altos estándares en el ejercicio de su fe para que Dios los usara para cumplir sus propósitos. La oración y el ayuno eran un elemento común de sus vidas.

Ayunar es uno de los pilares de la fe cristiana. Se menciona en las Escrituras más que la oración; sin embargo, la mayoría de los cristianos ponen el ayuno en un segundo plano de su experiencia como creyentes. Muchos consideran la práctica regular del ayuno como algo fanático.

Aunque ayunar se solía considerar algo valioso e importante en la iglesia cristiana, se ha convertido en un arte perdido. Se enseña y se practica tan poco todo lo referente al ayuno, que la mayoría de los creyentes no lo entienden, especialmente los jóvenes cristianos que acaban de añadirse al cuerpo de Cristo. No oyen hablar sobre el ayuno ni ven a otros cristianos más antiguos ayunando, así que piensan que es algo que solo tiene una importancia histórica. Por esta razón, en varios de los siguientes devocionales quiero darte algunas pautas para ayudarte a entender qué es la oración y por qué Dios dice que ayunemos.

A medida que avanzamos con este tema, aquí hay un punto clave a entender: *ayunar debería ser una parte natural de la vida del creyente*. Del mismo modo que practicamos los hábitos de leer la Biblia y orar, deberíamos practicar el hábito de ayunar.

Pensamiento: Ayunar es uno de los pilares de la fe cristiana.

Lectura: Lucas 5:33–35

—Día 84—

EL PROPÓSITO DEL AYUNO

Proclamé un ayuno para que nos humilláramos ante nuestro Dios y le pidiéramos que nos acompañara durante el camino, a nosotros, a nuestros hijos y nuestras posesiones.

—Esdras 8:21

¿Cuál es el propósito del ayuno? El verdadero ayuno incluye estas características:

Buscar a Dios. En primer lugar, el ayuno es un tiempo apartado para buscar el rostro de Dios. Significa abstenerse de otras cosas en las que encuentras placer con el propósito de dar todo tu corazón a Dios en oración. Cuando ayunas, le estás diciendo a Dios: "Mi oración y las respuestas que estoy buscando son más importantes que mi placer al comer".

Poner a Dios primero. En segundo lugar, ayunar significa poner a Dios primero, enfocar toda tu atención solo en Él; no en sus dones o bendiciones, sino en Dios mismo. El ayuno le demuestra a Dios lo mucho que lo amas y lo aprecias, que lo quieres más que a tus propias cosas o a tu actividad. De este modo, ayunar es un punto de intimidad con Dios. Dios se revelará solamente a personas que quieran conocerlo. Él dice: *"Me buscarán y me encontrarán cuando me busquen de todo corazón"* (Jeremías 29:13).

Por lo tanto, ayunar significa que Dios es lo único que quieres. No quieres lo que tiene para darte; lo quieres a *Él.* No se trata de intentar conseguir algo de Dios, sino que se trata de intentar llegar a Dios. Eso se debe a que, cuando encuentras a Dios, descubres que todo lo que necesitas viene con Él.

Crear un entorno de oración. En tercer lugar, el ayuno es un tiempo para crear un entorno sensible para orar. Casi siempre, cuando leemos sobre el ayuno en la Biblia, tiene la palabra *oración* asociada. En el Antiguo Testamento, las personas ayunaban junto a una oración sentida en tiempos de duelo y arrepentimiento. Ayunar también se usaba como un punto de liberación de varias situaciones. A menudo, cuando un ejército enemigo estaba desafiando al pueblo de Dios, los israelitas se comprometían a tener varios días de ayuno. Decían: "Ayunaremos hasta que el Señor nos diga qué hacer". El Señor respondía y les daba una estrategia, y ellos ganaban la batalla. Por lo tanto, el ayuno ayuda a crear el entorno para que Dios obre. Nos capacita para ver el cumplimiento de la Palabra de Dios y sus propósitos para nosotros como individuos y como miembros del cuerpo de Cristo.

Interceder por otros. En cuarto lugar, el ayuno es una forma de intercesión por otros. En la mayoría de los casos en la Biblia, cuando una persona o un grupo ayunaba era por las necesidades de otros, ya fuera un problema nacional o una situación familiar. Las personas ayunaban para llevar a Dios a sus circunstancias (ver, por ejemplo, Ester 4:15–16; Daniel 10:1–3; Nehemías 1; 2 Crónicas 20:1–4). Creo que quienes ayunan se benefician de su obediencia al ayunar. Sin embargo, el propósito principal del ayuno es beneficiar a otros. Ayunar va más allá de solamente orar, porque a veces nuestras oraciones pueden ser egoístas. Ayunar lleva la oración a un ámbito totalmente distinto.

~

Pensamiento: Ayunar nos permite ver el cumplimiento de la Palabra y los propósitos de Dios para nosotros como individuos y como miembros del cuerpo de Cristo.

Lectura: 2 Crónicas 20:1–18

—Día 85—
OBTENER DIRECCIÓN, SABIDURÍA, INSTRUCCIÓN Y CONOCIMIENTO

Y Moisés se quedó en el monte, con el Señor, cuarenta días y cuarenta noches, sin comer ni beber nada.   —Éxodo 34:28

Tenemos que entender el valor y la importancia de vaciarnos de alimentos y llenarnos de Dios. El ayuno nos permite aumentar nuestra capacidad espiritual. Ejerce una disciplina sobre nuestros apetitos físicos. Sitúa al cuerpo bajo una sujeción a lo que el espíritu desea. Somos espíritu, pero vivimos en un cuerpo. La mayor parte del tiempo, nuestro cuerpo nos controla. Cuando ayunas, tu espíritu aumenta su control sobre tu cuerpo. Ayunar te permite disciplinar tu cuerpo para que el cuerpo se convierta en siervo del Señor, en lugar de ser el amo de tu espíritu. Tu cuerpo comienza a obedecer a tu espíritu en lugar de obedecer sus propios impulsos y hábitos.

El ayuno no cambia a Dios; *nos cambia a nosotros*, y transforma nuestras oraciones. No nos damos cuenta del poder que fluye mediante el ayuno. En los siguientes devocionales exploraremos varios resultados poderosos del ayuno.

En primer lugar, ayunar nos permite obtener dirección, sabiduría, instrucción y conocimiento de Dios. Cuando Moisés subió al monte Sinaí, estaba buscando la voluntad de Dios para el pueblo de Israel, y Dios lo llevó a un ayuno de cuarenta días. *"Y Moisés se quedó en el monte, con el Señor, cuarenta días y cuarenta noches, sin comer ni beber nada"* (Éxodo 34:28).

Al final de ese ayuno, el Señor le dio a Moisés una poderosa revelación: la Ley, con sus diez mandamientos, que muchas naciones han usado como el fundamento de su sociedad. Todos nuestros códigos penales están basados en la Ley que Moisés recibió durante su ayuno de cuarenta días. Así de poderoso fue ese ayuno. Cuando ayunas, Dios empieza a hablarte. Recibes una revelación de Él que no podrías recibir de ningún otro modo.

En la iglesia primitiva, los líderes pasaban tiempo ayunando y orando para oír de parte de Dios antes de tomar decisiones y cuando enviaban a los creyentes al ministerio. Hechos 13:2–3 dice: *"Mientras ayunaban y participaban en el culto al Señor, el Espíritu Santo dijo: «Apártenme ahora a Bernabé y a Saulo [Pablo] para el trabajo al que los he llamado». Así que después de ayunar, orar e imponerles las manos, los despidieron"*. Mientras viajaban llevando a cabo el ministerio que Dios les había dado, Pablo y Bernabé hicieron lo mismo: *"En cada iglesia nombraron ancianos y, con oración y ayuno, los encomendaron al Señor, en quien habían creído"* (Hechos 14:23).

Cuando estás ayunando, el tiempo que habrías pasado comiendo lo deberías pasar en oración y estudio de la Biblia para poder oír lo que Dios quiere decirte. Es asombroso cuántas horas al día pasamos normalmente comiendo. Planificar las comidas, hacer la compra, cocinar, comer y recoger son cosas que consumen mucho tiempo. Cuando ayunas, todo ese tiempo está a tu disposición para buscar a Dios. Dios siempre ha deseado una relación cercana contigo, y durante un ayuno hay tiempo para empezar a desarrollar una verdadera intimidad.

⌒

Pensamiento: Ayunar no cambia a Dios; nos cambia a nosotros, y transforma nuestras oraciones.

Lectura: Daniel 10:1–21

—Día 86—
RECIBIR LA PLENITUD DEL
PODER DE DIOS

Jesús regresó a Galilea en el poder del Espíritu. —Lucas 4:14

Un *segundo resultado poderoso del ayuno es que nos permite recibir la plenitud del poder de Dios para ministrar.* A veces, solo con la oración no es suficiente para llevar a cabo los propósitos de Dios. La Biblia narra el relato de un hombre que tenía un hijo poseído por un demonio, y los discípulos de Jesús intentaron echar fuera al demonio, pero el demonio se reía de ellos. ¿Por qué? No estaban preparados. Entonces llegó Jesús y echó fuera al demonio. Los discípulos tomaron aparte a Jesús y le preguntaron por qué ellos no habían podido echarlo fuera. Su respuesta fue: *"Pero este género no sale sino con oración y ayuno"* (Mateo 17:21, RVR 60).

Cristo podía echar fuera cualquier demonio que se encontrara porque había pasado cuarenta días preparándose para el ministerio mediante la oración y el ayuno, y porque seguía orando y ayunando de forma regular. Cuando Jesús dijo a sus discípulos que el demonio que estaba afligiendo al hijo de ese hombre solo podía salir mediante oración y ayuno, en realidad les estaba diciendo: "Ustedes han orado para que el hijo de ese hombre fuera liberado, y la oración es algo bueno. Sin embargo, a veces tienen que añadir algo a sus oraciones: un espíritu de consagración a Dios y una abstinencia de lo que pueda interferir en el fluir del poder de Dios en sus vidas".

Cuando Jesús estaba en la tierra, tenía la plena capacidad de la unción de Dios para suplir las necesidades de las personas. Sin embargo, incluso para Él fue necesario ayunar. La Biblia dice: *"Jesús, **lleno del Espíritu Santo**, volvió del Jordán y fue llevado por* el Espíritu al desierto. Allí estuvo cuarenta días y fue tentado por el diablo. No comió nada durante esos días" (Lucas 4:1–2). Después dice: "Así que el diablo, habiendo agotado todo recurso de tentación, lo dejó hasta otra oportunidad. Jesús regresó a Galilea **en el poder del Espíritu**" (Lucas 4:13–14).

Cuarenta días antes, cuando Jesús había sido bautizado por Juan en el Jordán, los cielos se habían abierto, y el Espíritu Santo había venido sobre Él (ver Lucas 3:21–22). Sin embargo, leemos que, después de haber ayunado, regresó "en el poder del Espíritu", el cual ya había recibido antes del ayuno. Jesús no recibió el Espíritu Santo después de haber ayunado, sino que el Espíritu dentro de Él se manifestó con un poder nuevo después de su ayuno.

De modo similar, aunque tú recibiste al Espíritu Santo cuando naciste de nuevo, un ayuno prenderá su poder dentro de ti. Al ayunar, desarrollarás un hambre por Dios, así como intimidad con Él, y la obra del Espíritu Santo se manifestará poderosamente en tu vida. Tu amor por el Padre será renovado. Será un gozo para ti testificar a otros sobre el amor y la gracia de Dios. Serás capaz de servir a Dios de formas que nunca habías esperado. El ayuno te preparará para el ministerio.

⁓

Pensamiento: Ayunar nos capacita para recibir la plenitud del poder de Dios para el ministerio.

Oración: Juan 3:34

EXPERIMENTAR AVANCES EN SITUACIONES DIFÍCILES

No temas, tierra, sino alégrate y regocíjate, porque el Señor hará grandes cosas. —Joel 2:21

Un tercer resultado del ayuno es que a menudo produce avances en circunstancias difíciles o en las vidas de quienes se resisten al evangelio. En el primer capítulo de Joel, leemos:

> *La vid se marchitó; languideció la higuera; se marchitaron los granados, las palmeras, los manzanos, ¡todos los árboles del campo! (...) Vengan, ministros de mi Dios, y pasen la noche vestidos de luto, porque las ofrendas de cereales y las libaciones han sido suspendidas en la casa de su Dios.* **Entréguense al ayuno**, *convoquen a una asamblea solemne. Reúnan a los ancianos del pueblo en la casa del Señor su Dios; reúnan a todos los habitantes del país, y clamen al Señor.* (Joel 1:12–14)

Este pasaje de las Escrituras parece muy deprimente, ¿verdad? Habla sobre todas las cosas que faltan. Todo había salido mal, y no les funcionaba nada a los israelitas. Sin embargo, el Señor tenía la respuesta. Dijo: *"Entréguense al ayuno".* Del mismo modo, cuando las cosas se ponen difíciles, cuando no estás experimentando avance, o cuando nada parece funcionar en tu vida, Dios dice: "Detén todo y conságrate. Ven a mí".

En Joel 2:18–32 el Señor dijo, básicamente: "Después de su ayuno, prepárense, ¡porque va a ocurrir algo bueno!". Leamos una parte de ese pasaje:

> *No temas, tierra, sino alégrate y regocíjate, porque el Señor hará grandes cosas. No teman, animales del campo, porque los*

pastizales de la estepa reverdecerán; los árboles producirán su fruto, y la higuera y la vid darán su riqueza. Alégrense, hijos de Sión, regocíjense en el Señor su Dios, que a su tiempo les dará las lluvias de otoño. Les enviará la lluvia, la de otoño y la de primavera, como en tiempos pasados. Las eras se llenarán de grano; los lagares rebosarán de vino nuevo y de aceite.

(Joel 2:21–24)

El resultado del ayuno y la oración con sinceridad es que Dios responde, trayendo liberación y bendición.

¿Has estado orando y creyendo en Dios con respecto a algunas cosas por mucho tiempo? Probablemente tengas que añadir el ayuno a tus oraciones. Yo solía preguntarme por qué mi mamá nos decía a mis hermanos y hermanas y a mí: "Todos ustedes van a ser salvos. Estoy ayunando por todos". Mi mamá a menudo hacía ayunos. Decía de uno de sus hijos: "Está alejado y metiéndose en problemas. Tengo que ayunar". Ella solía llamarlo "pagar el precio por él". Mi mamá vio a sus once hijos salvos antes de partir al cielo con el Señor. A veces, la oración no es suficiente con algunos hijos. Son tan difíciles, que hay que ir un poco más profundo mediante el ayuno para que sean liberados.

Tal vez has estado años confiando en Dios para que ciertos familiares, amigos y conocidos conozcan a Cristo. Es posible que los espíritus malignos del enemigo que les están engañando no tengan la intención de irse a menos que tú añadas el ayuno a tus oraciones. O quizá has estado orando por un cambio, un avance en tu lugar de trabajo. También puedes ayunar por esa situación. Cuando "pagas el precio" orando y ayunando, Dios responde.

⌒

Pensamiento: El resultado del ayuno y de la oración con sinceridad es que Dios responde, trayendo liberación y bendición.

Lectura: Joel 2:12–13

LA MANERA CORRECTA DE AYUNAR

El ayuno que he escogido, ¿no es más bien romper las cadenas de injusticia y desatar las correas del yugo, poner en libertad a los oprimidos y romper toda atadura? —Isaías 58:6

Cuando nos consagramos en ayuno, tenemos que ser cuidadosos para no obstaculizar la eficacia de nuestro ayuno. Se puede ayunar con el espíritu incorrecto. Isaías 58 nos dice que hay maneras correctas e incorrectas de ayunar. En el versículo 3, Dios citó lo que decían los israelitas: *"¿Para qué ayunamos, si no lo tomas en cuenta? ¿Para qué nos afligimos, si tú no lo notas?"*. La respuesta de Dios fue la siguiente:

Pero el día en que ustedes ayunan, hacen negocios y explotan a sus obreros. Ustedes solo ayunan para pelear y reñir, y darse puñetazos a mansalva. Si quieren que el cielo atienda sus ruegos, ¡ayunen, pero no como ahora lo hacen!

(versículos 3–4)

¿Cuál era el problema del ayuno de los israelitas? Estaba caracterizado por la injusticia hacia otros y solo servía para *"pelear y reñir"*. Cuando Dios dice: *"Entréguense al ayuno, convoquen a una asamblea solemne"* (Joel 1:14), está diciendo: "Convoquen al pueblo para que dejen sus tareas regulares y ayunen como una tarea santa para mí". Si nosotros "hacemos negocios y explotamos" cuando ayunamos, en lugar de buscar a Dios y obedecerlo, Él nos dirá: "¿Esperan ustedes que responda a sus oraciones teniendo la actitud que tienen?".

El ayuno no es un juego. Dios quiere que lo busquemos a Él con seriedad, y también sus caminos. A cambio, Él derramará de su poder a través de nosotros.

El ayuno que he escogido, ¿no es más bien romper las cadenas de injusticia y desatar las correas del yugo, poner en libertad a los oprimidos y romper toda atadura? ¿No es acaso el ayuno compartir tu pan con el hambriento y dar refugio a los pobres sin techo, vestir al desnudo y no dejar de lado a tus semejantes? Si así procedes, tu luz despuntará como la aurora, y al instante llegará tu sanidad; tu justicia te abrirá el camino, y la gloria del Señor te seguirá. (Isaías 58:6–8)

Isaías dice que el ayuno que agrada a Dios tiene el poder de romper las cadenas de injusticia y destruir los yugos de los oprimidos. La unción de Dios puede liberar a las personas de sus cargas. Esta unción viene mediante el ayuno que está consagrado y dedicado a Dios. Por lo tanto, un verdadero ayuno te hará entender y valorar las cosas importantes de la vida. Te convertirás en un dador. Comenzarás a amar a las personas y a querer suplir sus necesidades. Tendrás carga por las almas. Las vidas de las personas serán restauradas para con Dios (ver Isaías 58:12), y también recibirás las bendiciones de Dios. *"Si así procedes, tu luz despuntará como la aurora, y al instante llegará tu sanidad"* (Isaías 58:8). Tienes la oportunidad de activar tu fe para sanar cuando ayunas. El mismo versículo dice: *"Tu justicia te abrirá el camino, y la gloria del Señor te seguirá"*. El Señor te protegerá. Estas son solo algunas de las bendiciones que llegan como resultado de un ayuno agradable a Dios.

Pensamiento: Debemos ayunar con el espíritu correcto.

Lectura: Mateo 6:16–18

PREPÁRATE PARA SER LLENO

*Llamarás, y el Señor responderá; pedirás ayuda, y él dirá:
"¡Aquí estoy!".*
　　　　　　　　　　　　　　　　　　　　—Isaías 58:9

Cuando ayunas, estás preparándote para una oración respondida. Dios ha prometido que, si ayunas de la manera correcta, Él escuchará y contestará. *"Llamarás, y el Señor responderá; pedirás ayuda, y él dirá: "¡Aquí estoy!"* (Isaías 58:9). Cuando ayunas, estás abierto a Dios. Tu capacidad espiritual para oír y recibir aumenta. Te vacías de tus propios intereses, y estás listo para que Él te llene.

Recuerda que Dios *espera* que su pueblo ayune; no es opcional.[8] Del mismo modo que practicamos los hábitos de leer la Biblia y orar, deberíamos practicar el hábito de ayunar. Repasemos algunos de los puntos principales acerca del ayuno:

- Ayunar es un tiempo que apartamos para buscar el rostro de Dios y abstenernos de otras cosas para darle todo nuestro corazón al Señor en oración.

- Ayunar significa poner a Dios primero, enfocando toda nuestra atención solo en Él.

- Ayunar es un tiempo para desarrollar un entorno sensible para el trabajo de la oración.

- Ayunar es una forma de interceder por otros.

- Ayunar no cambia a Dios; nos cambia a *nosotros* y a nuestras oraciones.

- Ayunar nos permite recibir dirección, sabiduría, instrucción, y conocimiento de Dios.

---

8. De nuevo, si tienes alguna enfermedad médica o problemas especiales de salud o de medicación, sé sabio y consulta a tu médico antes de ayunar.

+ Ayunar nos permite recibir la plenitud del Espíritu para el ministerio.

+ Ayunar produce avances en circunstancias difíciles y en las vidas de aquellos que se resisten al evangelio.

Debemos tener en mente que hay una manera correcta y otra incorrecta de ayunar. La correcta es consagrarse y dedicarse a Dios, manteniendo las prioridades adecuadas, quitando las cargas de las personas, teniendo el corazón de un dador, mostrando amor a otros, y teniendo carga por las almas. La manera incorrecta es tratar a otros con injusticia, pelear y causar riñas, y perseguir nuestros propios placeres en lugar de la voluntad de Dios.

En un verdadero ayuno podemos esperar que personas sean liberadas y restauradas con Dios. El que ayuna recibe también las bendiciones de Dios. Comienza a añadir el ayuno a tu vida de oración. Para hacer del ayuno un verdadero hábito espiritual, tal vez sea bueno que empieces con una comida o un día por semana, y gradualmente vayas aumentando el tiempo de tu ayuno.

Oremos juntos:

Padre celestial,

Tú nos has enseñado que, cuando oramos, tenemos que llevar con nosotros las necesidades de otros. Ayunar es un modo de interceder, y queremos que tu Espíritu nos capacite mediante el ayuno para poder ministrar a otros y contrarrestar la obra del enemigo. Nos consagramos a ti en oración y ayuno, apartándonos para buscarte tanto a ti como tu voluntad en lugar de buscar nuestros propios intereses. Úsanos para cumplir tus propósitos para tu gloria. Te lo pedimos en el nombre de Jesús, amén.

Pensamiento: El ayuno es un tiempo apartado para buscar el rostro de Dios y para abstenernos de otras cosas a fin de entregarnos de todo corazón a Dios en oración.

Lectura: Salmos 27:8

—Día 90—
CONVIÉRTETE EN UNA PERSONA DE ORACIÓN

Estén siempre alegres, oren sin cesar, den gracias a Dios en toda situación, porque esta es su voluntad para ustedes en Cristo Jesús.   —1 Tesalonicenses 5:16–18

Una cosa que el Señor ha dejado clara en su Palabra es que la oración no es opcional. ¡Es necesaria!

Durante estos días juntos, hemos explorado muchos principios poderosos de la oración. La oración es nuestra invitación a Dios para que intervenga en los asuntos de la tierra, nuestro acuerdo con su soberana voluntad, y nuestra petición de que lleve a cabo sus caminos en este mundo. Es una parte vital del propósito de Dios en la creación, y es algo que estamos llamados a perseguir.

Me gustaría desafiarte a que tomes los principios presentados en este devocional y los pongas a prueba. Empieza orando conforme a la Palabra de Dios y en el nombre de Jesús. Descubre tu poder, tu autoridad y tus derechos como intercesor para la tierra. En pocas palabras, *conviértete en una persona de oración.*

Una persona de oración…

+ reconoce que la oración es una confianza sagrada de parte de Dios.

+ entiende su propósito en la vida como sacerdote de Dios e intercesor por el mundo.

+ tiene una relación de confianza con el Padre celestial y desea que el mundo experimente el poder de su presencia y de su vida.

+ sabe que la voluntad de Dios fluirá del cielo a la tierra solo mediante sus oraciones y las oraciones de todo el pueblo de Dios.

Si entendemos el plan de Dios para la oración y aun así no la perseguimos, somos como la persona que ve su reflejo en el espejo, pero inmediatamente se olvida de cómo es (ver Santiago 1:22–25). La absoluta necesidad de la oración debe ser como una imagen indeleble en nuestro corazón y en nuestra mente. Si queremos ver cumplida la voluntad de Dios en la tierra, debemos hacer nuestra parte: debemos *orar*.

Dios desea que colabores con Él en el gran propósito de reclamar y redimir el mundo. La Escritura dice: *"Si mi pueblo, que lleva mi nombre, se humilla y ora, y me busca y abandona su mala conducta, yo lo escucharé desde el cielo, perdonaré su pecado y restauraré su tierra"* (2 Crónicas 7:14). Dios está diciendo: *"Si mi pueblo… yo lo escucharé"*. De nuevo, Dios ha llamado a su pueblo a ser sus sacerdotes o intercesores. Esto se refiere a todo el cuerpo de Cristo, no solo a un grupo de élite de "guerreros de oración de intercesión" en la iglesia local. Todos tenemos el poder de traer la voluntad de Dios a la tierra para que el mundo pueda ser sanado y transformado por su gracia.

Recuerda que la voluntad de Dios en la tierra se puede ejecutar solamente mediante la cooperación de la humanidad. La oración es este medio de cooperación; por lo tanto, la oración es la actividad más importante de la humanidad.

La tierra depende de que tú ores. Las familias de la tierra dependen de que tú ores. Los hijos de tus hijos dependen de que tú ores. Toda la creación depende de que tú ores. El cielo depende de que tú ores. Te desafío a que cumplas la obligación que tienes con tu generación y con el futuro del planeta tierra: *ora*.

⌒

Pensamiento: La oración es la actividad más importante de la humanidad.

Lectura: Apocalipsis 11:15

ACERCA DEL AUTOR

El Dr. Myles Munroe (1954–2014) fue un orador motivacional internacional, autor de éxitos de ventas, educador, mentor de liderazgo, y asesor para el gobierno y el mundo empresarial. Viajando ampliamente por el mundo, el Dr. Munroe trató asuntos clave que afectan todo el abanico del desarrollo humano, social y espiritual. Fue un escritor popular de más de cuarenta libros, incluyendo *Entendiendo el propósito y el poder de la oración*, *Los principios y el poder de la visión*, *El poder del carácter en el liderazgo*, *El espíritu de liderazgo*, y los devocionales *Una mujer de propósito y poder*, *Un hombre de propósito y poder*, y *Visión con propósito y poder*.

El Dr. Munroe fue el fundador y presidente de Bahamas Faith Ministries International (BFMI), una organización multidimensional con sede en Nassau, Bahamas. Fue director ejecutivo y director del consejo de International Third World Leaders Association y presidente de International Leadership Training Institute.

El Dr. Munroe obtuvo una licenciatura y una maestría de la Universidad Oral Roberts y la Universidad de Tulsa, y recibió varios doctorados honorarios. Padres de dos hijos adultos, Charisa y Chairo (Myles Jr.), el Dr. Munroe y su esposa Ruth viajaban como equipo y participaban juntos en seminarios de enseñanza. Ambos eran líderes que ministraban con corazones sensibles y una visión internacional. En noviembre de 2014 murieron de forma trágica en un accidente aéreo cuando iban de camino a una conferencia anual de liderazgo patrocinada por Bahamas Faith Ministries International. Una frase del Dr. Munroe en su libro *El poder del carácter en el liderazgo* resume su propio legado: "Recuerden que el carácter asegura la longevidad del liderazgo, y los hombres y las mujeres de principios dejarán importantes legados y serán recordados por generaciones futuras".